启真馆出品

杨树达先生之后的杨家

杨逢彬 著

ZHEJIANG UNIVERSITY PRESS
浙江大学出版社

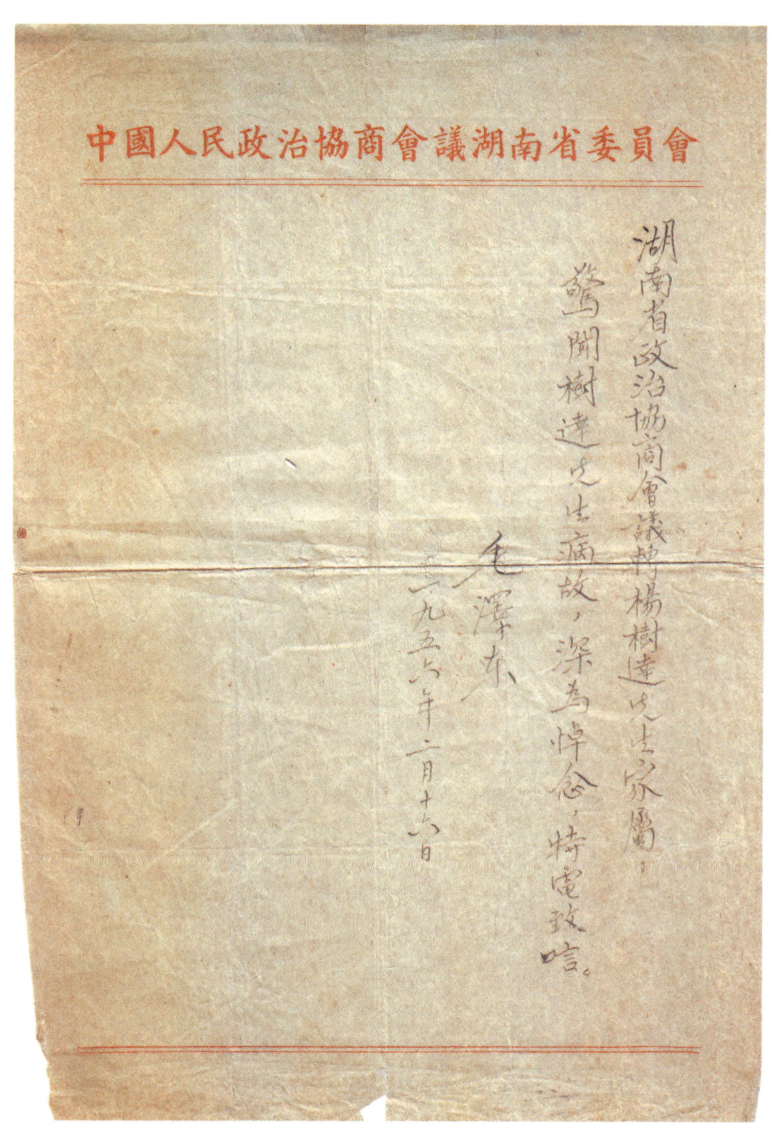

中國人民政治協商會議湖南省委員會

湖南省政治協商會議轉楊樹達先生家屬：

驚聞樹達先生病故，深為悼念，特電致唁。

毛澤东

一九五六年二月十六日

图一　湖南省政协抄录的毛泽东唁电

图二　杨树达先生追悼会会场。中间花圈为全国政协所送，右边为周恩来所送，左边为邢西萍所送

图三　1956年2月追悼会上的照片，左起：杨德庆、杨德纯、杨德嘉、张家袯、杨文玄、杨德娴、杨德豫（后）、杨逢甲（前）、张福

图四　杨树达墓

图五　结婚照，摄于 1921 年 6 月 4 日，北京

图六　摄于 1931 年，北平。后排抱小孩者为杨树达先生，所抱者为杨德庆；与杨树达并排站立者为其岳父张训钦先生，曾任北洋政府财政部库藏司司长、财政部次长，新中国成立后任上海市文史研究馆馆员；中排抱小孩者为张家祓，所抱者为杨德豫；与张家祓并排坐者为张家祓同父异母的妹妹；前排左为杨德娴，右为杨德纯

图七　1947 年摄于长沙岳麓山的照片，左起：袁自强（杨德娴大女儿）、杨德娴、杨德嘉、杨树达、杨德纯、张家祓、周硕朋（即杨立，周铁铮、杨德纯儿子）、周铁铮、杨德庆

图八　1953 年 5 月 31 日《积微翁回忆录》：“今日为夏历四月十九日，余六十九岁初度。骧儿月初赴广州公干，特提前结束北归，昨晚下车归祝。又今日恰值日曜日，文玄儿夫妇昨日由株洲来省，同舜芝媳母子皆来山。孔母舅、大嫂亦由城来。上午摄影于爱晚亭：余夫妇、三男（骧、玄、庆）、一女（纯）、二儿妇、一子婿（铁）、内外孙女五，凡十四人。余男女八人，今只得其半，然亦不易得矣。”前排左起：周硕朋、杨逢甲（杨德洪长子）、杨树达、袁自新（袁久坚、杨德娴的二女儿）、张家祓、张福（后改名张茜，杨文玄夫人）、杨逢年（杨文玄、张福长子）、周冬麓（即杨欢，周硕朋妹妹）。后排左起：王舜芝（杨德洪夫人）、杨文玄（德鑫）、杨德骧、周铁铮、杨德庆、杨德纯

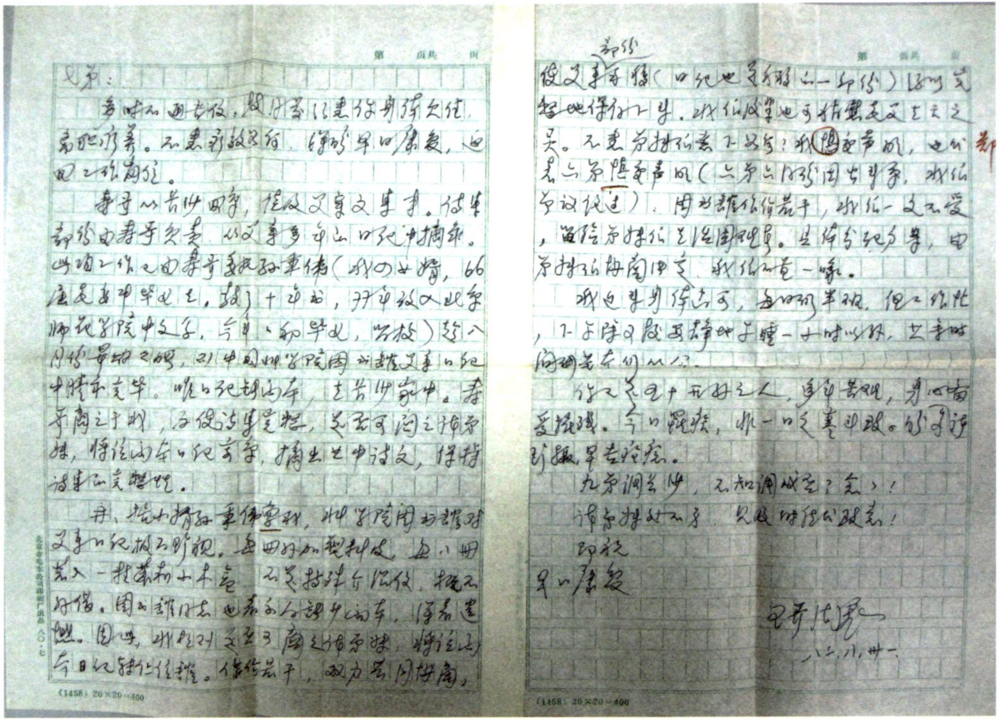

图九　杨德骧致杨德豫，提议将第 46、50 册《积微居日记》捐赠中科院图书馆

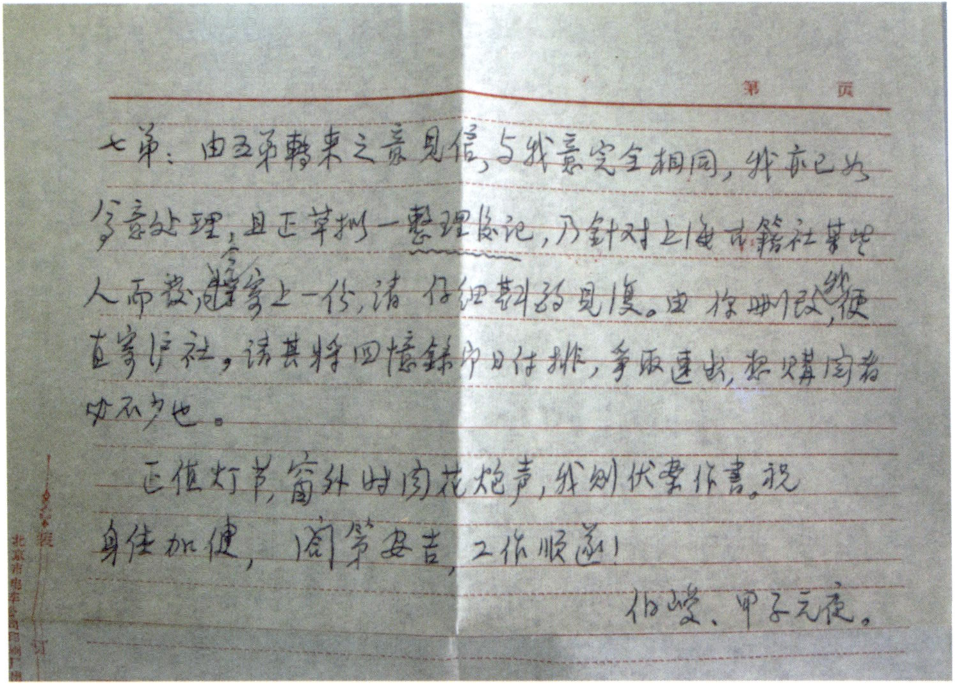

七弟：由五弟转来之意见信，与我意完全相同，我亦已如尊意处理，且正草拟一整理后记，乃针对上海古籍社某些人而发，迳寄上一份，请仔细斟酌见复。由你删改后，便直寄沪社，请其将回忆录即日付排，争取速出，想读者必不少也。

正值灯节，窗外时闻花炮声，我则伏案作书。祝

身体加健，阖第安吉，工作顺遂！

伯峻、甲子元夜。

图十　杨伯峻致杨德豫，谈撰写《〈积微翁回忆录〉整理后记》，该《后记》针对上海古籍出版社某些人出于谨慎考虑主张删削许多文字，委婉表达了不同意见，从而使得许多珍贵史实得以刊出

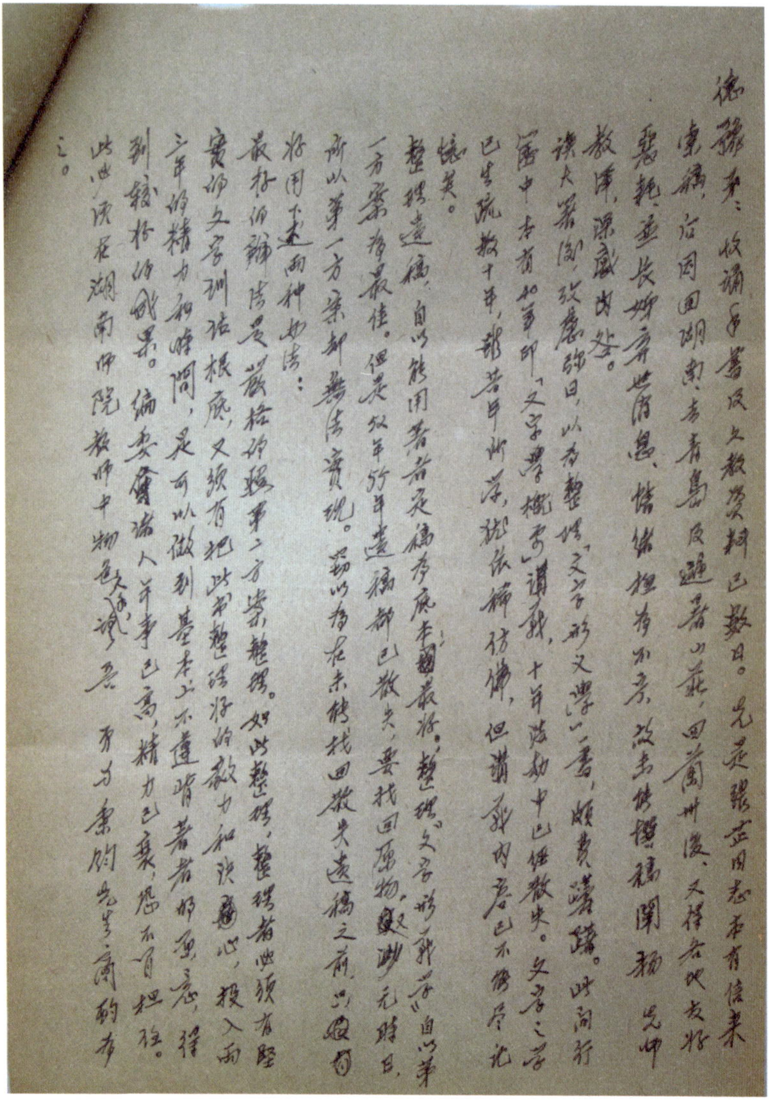

德豫弟：收讀手書及文教資料已數日。先是張立同志來有信來
索稿，后因回湖南去青島及避暑山莊，回蘭州後，又撰各地來稿
惡耗，並長姊棄世消息，情緒極為不寧，故未能撰稿閱稿。先師
教澤，深感難忘。
讀大著《回憶錄》，欣慰無已。以為整理「文字形義學」一書，頗費躊躇。此間有
函中告知首印「文字學概要」講義，十年浩劫中已經散失。文字之學
已生疏數十年，對于此學，雖依稀彷彿，但講義內容已不能存記
憶矣。
整理遺稿，自以能用著者定稿本為最好。整理「文字形義學」自以第
一方案為最佳。但是經過85年遺稿都已散失，要找回原物，又須費時日，
所以第一方案都無法實現。勤以為在未能找回散失遺稿之前，只好有
將用下述兩種辦法：
最好的辦法是嚴格的按第二方案整理。如此整理，整理者也須有堅
實的文字訓詁根底，又須有把此書整理好的毅力和決心，投入兩
三年的精力和時間，是可以做到基本上不違背著者原意，得
到較好的成果。編委會諸人年事已高，精力已衰，恐不能担任。
此事須在湖南師院教師中物色（文字）識者 [illegible] 秉钧先生、商钧 [illegible]
之。

图十一　郭晋稀致杨德豫，谈对如何整理出版《文学形义学》的意见

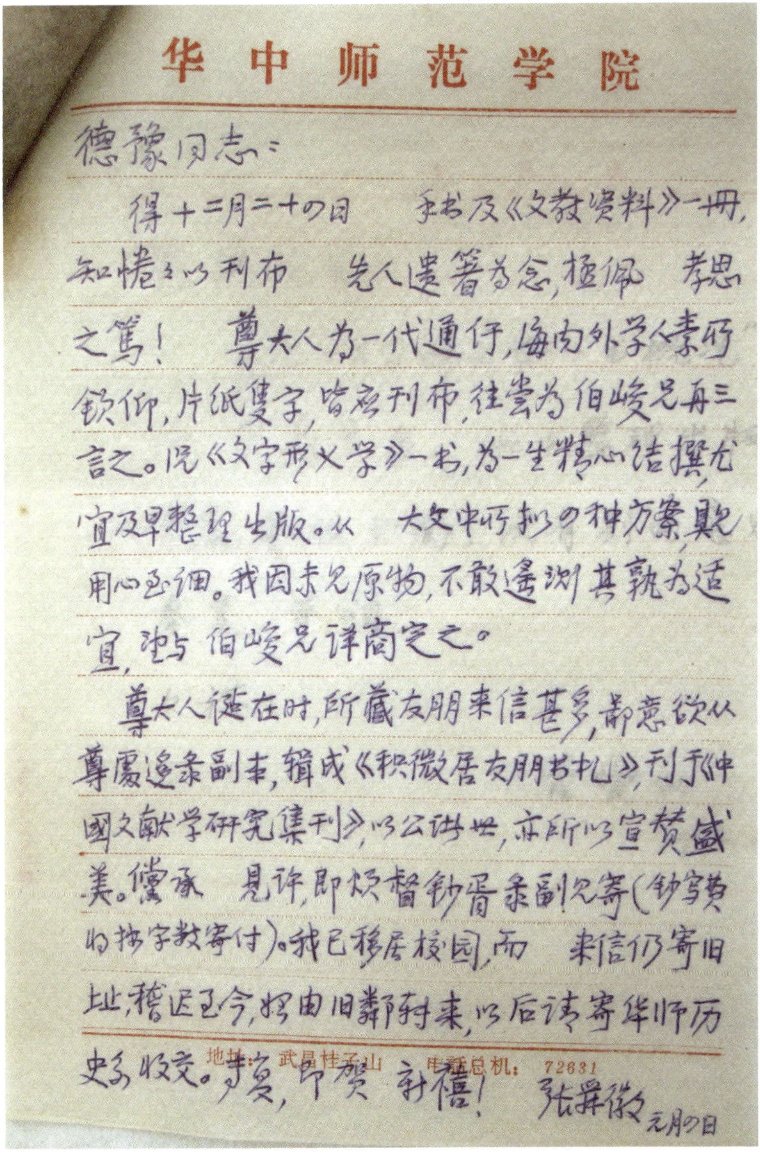

华中师范学院

德豫同志：

得十二月二十四日 手书及《文教资料》一册，知惓惓以刊布 先人遗著为念，极佩 孝思之笃！ 尊大人为一代通儒，海内外学人素所钦仰，片纸只字，皆应刊布，往尝为伯峻兄再三言之。况《文字形义学》一书，为一生精心结撰，尤宜及早整理出版。从 大文中所拟四种方案观之，用心至细。我因未见原物，不敢遥测其孰为适宜，望与伯峻兄详商定之。

尊大人健在时，所藏友朋来信甚多，鄙意欲从尊处逐录副本，辑成《积微居友朋书札》，刊于《中国文献学研究集刊》以公诸世，亦所以宣赞盛美。倘承 见许，即烦督钞胥录副见寄（钞写费归按字数寄付）。我已移居校园，而 来信仍寄旧址，稽迟至今，始由旧邻转来，以后请寄华师历史系收交。专复，即贺 新禧！ 张舜徽 元月四日

地址：武昌桂子山 电话总机：72631

图十二 张舜徽致杨德豫，谈对如何整理出版《文字形义学》的意见，并建议整理出版《积微居友朋书札》

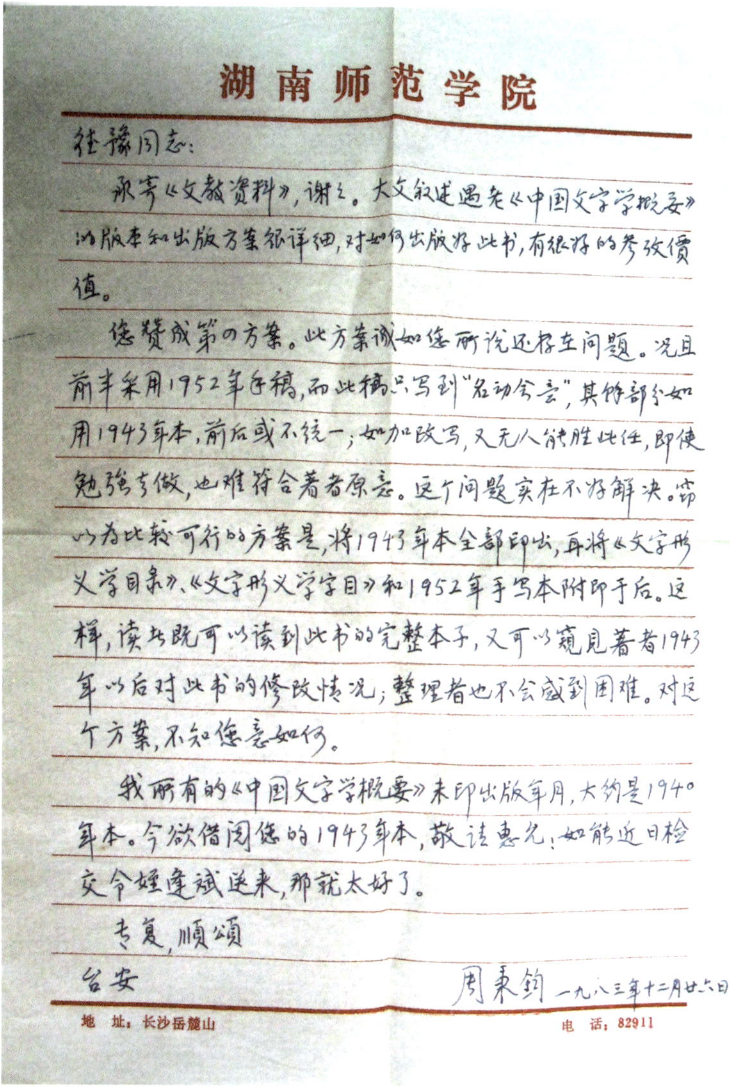

湖南师范学院

德豫同志：

承寄《文教资料》，谢谢。大文叙述遇夫《中国文字学概要》的版本和出版方案很详细，对如何出版好此书，有很好的参考价值。

您赞成第四方案。此方案诚如您所说还存在问题。况且前半采用1952年手稿，而此稿只写到"名动合言"，其余部分如用1943年本，前后或不统一；如加改写，又无人能胜此任，即使勉强去做，也难符合著者原意。这个问题实在不好解决。窃以为比较可行的方案是，将1943年本全部印出，再将《文字形义学目录》、《文字形义学字目》和1952年手写本附印于后。这样，读者既可以读到此书的完整本子，又可以窥见著者1943年以后对此书的修改情况；整理者也不会感到困难。对这个方案，不知您意如何。

我所有的《中国文字学概要》未印出版年月，大约是1940年本。今欲借阅您的1943年本，敬请惠允！如能近日检交令侄逢斌送来，那就太好了。

专复，顺颂

台安

周秉钧 一九八三年十二月廿六日

地 址：长沙岳麓山 电 话：82911

图十三 周秉钧致杨德豫，谈如何整理出版《文字形义学》的意见

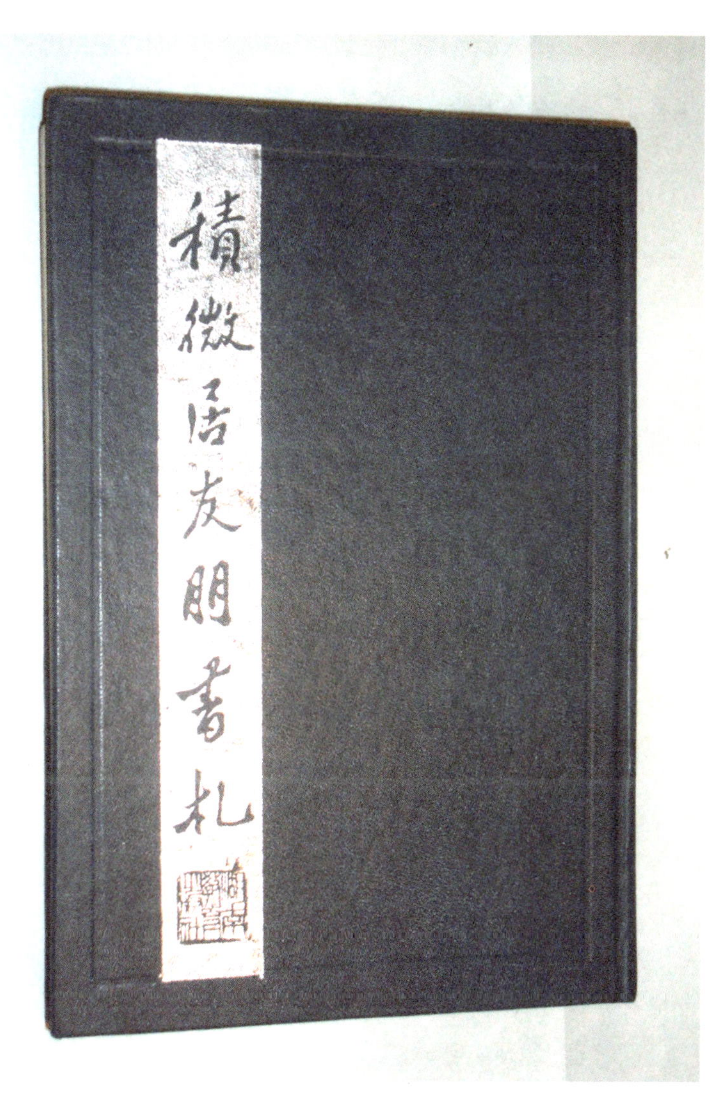

图十四　《积微居友朋书札》，湖南教育出版社 1986 年版

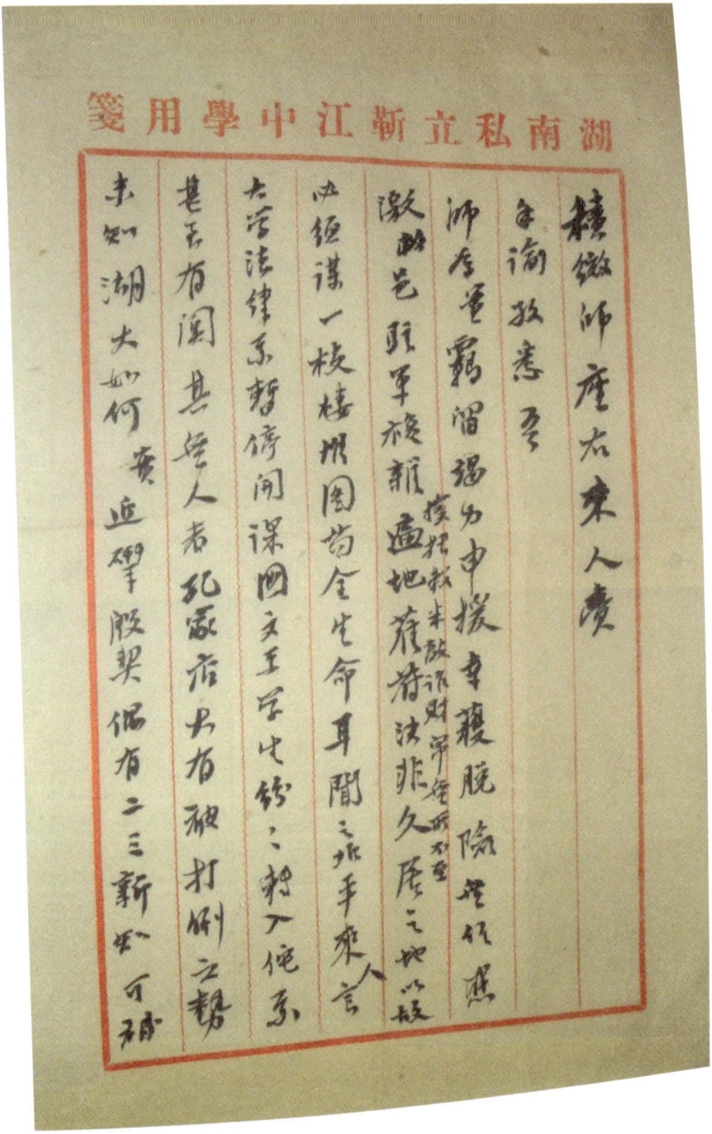
湖南私立靳江中學用箋

樹滋師座右：來人賚
手諭敬悉。
師座電覊留福州申援，專獲脫險，無任感
激。敝邑駐軍旋離，遍地萑苻，決非久居之地，以故（接杭敉來函，詐財牢無所不至）
必須謀一枝棲。州閭苟全生命耳。聞之北平來人言
大學法律系暫停開課，因文系學生鬧之，轉入他系，
甚至有[illegible]其無人者，孔家店大有被打倒之勢，
未知湖大如何。貴近攻殷契，偶有二三新知可補

图十五　鲁实先致杨树达，感谢后者营救他脱险

图十八　本书作者与陶先瑜（鲁实先夫人），杨柳岸 2002 年夏摄于长沙南门口修文街

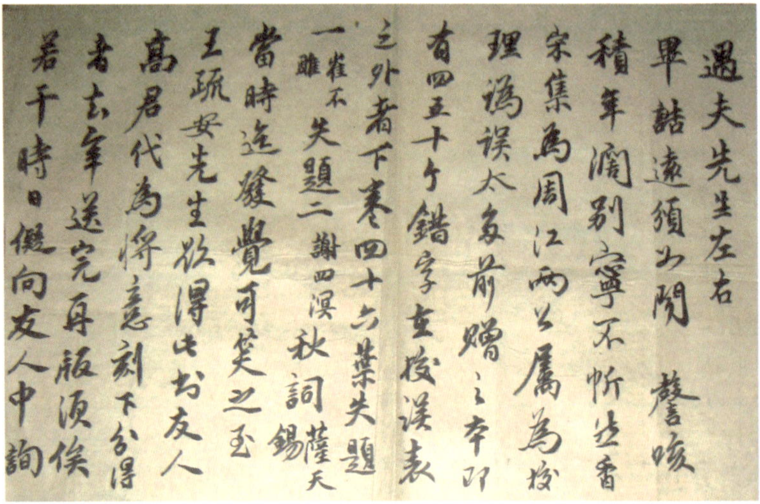

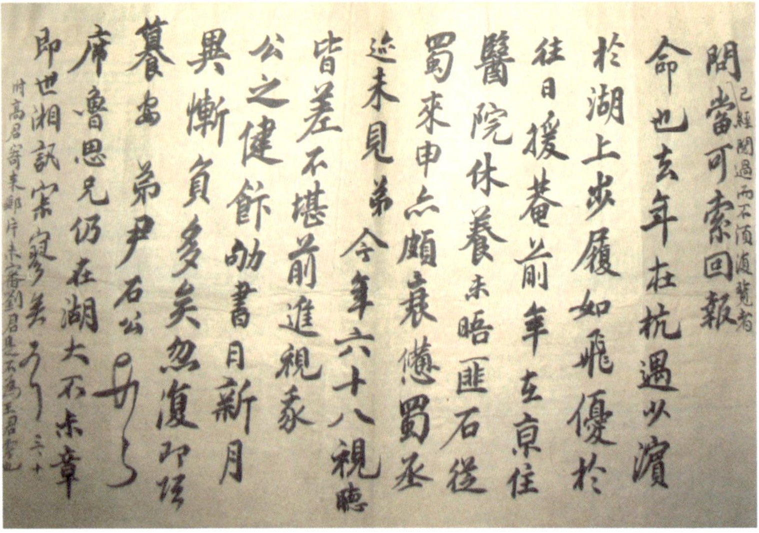

图十七　尹石公致杨树达，信中提到朱少滨在西湖边“步履如飞”

中國文學論集續篇自序

徐復觀

图十八　徐复观寄本书作者的报纸复印件，上有徐本人的亲笔修改

图十九　钟叔河先生在长沙三贵街陈云章先生宅，即湖南时务学堂旧址

图二十　江陵市厅（市政府）前的“第一江陵”石碑

图二十一　南大川边的帐篷

图二十二　官员（黑衣者）和助祭者（白衣者）行跪拜礼

图二十三　执笏的市厅官员

图二十四　官奴假面剧

图二十五　马宗霍致杨树达（一）

图二十六　马宗霍致杨树达（二）

目　录

第三辑　闲言碎语

附录

第一辑　杨树达先生·杨家

杨树达先生之后的杨家

一

我父亲的堂姐，我称为“玖姑”的杨德庄女士曾告诉我，杨家的事情，足以写好几部《家》《春》《秋》。此言不虚。有一位表姑——多伦路的左联纪念馆有她的照片，就曾根据自己的经历，写了一部反映大革命时期武汉工人运动的长篇小说《不尽长江滚滚来》，由人民文学出版社刊行；祖父的《积微翁回忆录》也至今为学界所津津乐道。我未能躬逢其盛，又乏生花妙笔，只能围绕着 1956 年 2 月祖父去世后发生在长沙杨宅的琐碎小事，记流水账般写几笔。同年 7 月，我出生在长沙河西至善村 5 号杨宅；因为记事甚早，又长期承欢祖母膝下，这个话题还能说个子丑寅卯。

杨树穀、杨树达兄弟的儿子共九人，大排行：其中二、五、六、七、八、九是杨树达先生的儿子，而七、八、九以及他们的两个姐姐是我祖母张家祓所生。九人中，杨伯峻（德崇）先生为老大，同辈称之为寿哥，我称之为寿伯伯；我父亲德嘉为老九，哥哥姐姐和学生称之为九弟。七伯父由于是右派，八伯父由于有肺病，都结婚甚晚，所以我实际上是祖母血缘意义上的长孙。当年，祖父的追悼会刚开完（图一、二、三、四），省委宣传部副部长唐麟（1959 年被定为“右倾机会主义分子”，“文革”中跳楼自杀）就召集祖父儿子中的四个党员文玄（德鑫，六）、德豫（七）、德庆（八）、德嘉谈二姑父的事情：“周铁铮隐瞒反动历史，本应严肃处理，看在你们父亲的面上就不处理了。”其实二姑父是个献身学术不问政治的学者，抗战时，曾经追求过他的某女孩，代他报名参加了一个学会性质的“健新学会”，仅此而已（图六、七）。

丧事办完，紧接着开家庭会商量如何处理祖父的藏书——有好几万册，其中不乏善本。一边倒的意见是，全部捐献给祖父最后供职的湖南师范学院。会上，抗战时曾集体加入国民党的大姑德娴怯生生地提出想保留一套《李太白全集》作纪念，新中国成立前夕担任地下党清华中学书记的八伯马上正色操着京片子道：“我们喝劳动人民的血已经够多的了！”大姑于是噤口不言。20 世纪 80 年代初，我曾亲见八伯为此向大姑道歉。父亲的兄弟姐妹因为出生成长在北京，相互间都说一口京片子；我母亲是北京人，父母之间也说北京话（图八）。

祖母按照旧社会的规矩，认为人都死了，还住单位的公房似不合理，就加紧物色合适的宅子。这样，我出生只有一个月的时候，杨家便举家从岳麓山腰的至善村（湖大校长李达 1952 年到武大任校长后，杨家迁入李达住的院子。平房，篱笆墙。杨家迁出后，湖南师院党委书记迁入)，迁到长沙市北区兴汉门的湘春中路 36 号——安庄。这是用祖父的毕生积蓄的一半——6000 元人民币买下的，这宅子占地约 4 亩，是有着前、后院和菜园的洋房；浓荫蔽日，寒蝉高鸣，葡萄架和桑树上硕果累累，凉亭依偎在池塘边。这在经过文夕大火之后的长沙，已经是座“豪宅”了！一位抄家无数的红卫兵后来说，这是当时长沙最大的三座宅子之一，其余两座是省委书记张平化的住宅以及先是何健后是程潜的蓉园，蓉园后来成为毛泽东的住所。

洋房两层，坐北朝南，大门左右各有几间平房。厨房在后院靠西，厕所在后院靠东，分男女厕，都是蹲式抽水马桶。住的人除祖母外，就是我父母和我、尚未结婚的八伯、已经和上海大伯（大排行老二）离婚的大伯母王舜芝带着祖父的长孙逢甲、大姑家、二姑家、保姆何月英。还有空房——即原有的图书室、儿童活动室、储藏室等。刚收拾停当，居委会出面了。他们毋庸置疑地说，很多人没房子住，你们却有空余，因此必须出租；租金每户每月为一元。这样，一下子又搬进来几户。住在大门左右平房的是小崔、小李，住二楼的有一户汉口人、一户上海人。小崔小李都是青年工人的家眷，为人极和善，见到祖母就毕恭毕敬称呼“杨老太太”，老家捎来的土特产也必定送给老太太尝尝。小崔的儿子叫“小狗子”，比我小，成天跟在我后面。我读大学时他妈和他还来看过我，请我到他家吃饭。楼上的两户经常干仗，每次争吵，楼下基本上只能听到汉口女人的大喉咙；不用说，她总是胜利者。她有两女一儿，儿子最小，唤作“苕货”，又白又胖，成天在院中裸奔。为裸奔配乐的，就是他妈妈拖长声音的大叫：“苕货！苕货！”这一奇妙音乐每天在花园洋房上空回荡，至今还萦回在我脑际。

洋房原本是一位刘姓资本家的，大约估计迟早不保，于是趁早卖掉，远走香港。据说改革开放后，他成了化工部顾问。他开的是一家安装公司，所以这个宅子取名“安庄”。洋房正面有一排高高的梧桐树，刘先生在其中一棵刻上：“别了，安庄！”1964年元月一日，一年级的我在这4个字下面刻上了“元旦”。后花园西边有小门与安装公司的铁工厂相通，东边与木工厂相通。“大跃进”时，我曾亲见铁水奔流，钢花飞舞。休息时，工人们就来到后花园，聊天喝茶。有一位名叫顾自栋的男技术员，上海人，总爱抱着我玩，我因此称他为“顾妈妈”。热闹归热闹，有件事可苦恼了我——很多人没有便后冲水习惯，后花园厕所里屎尿横溢，无法下脚。小小的我，每天都为排泄发愁，又羞于对大人说。那时是用煤、黄泥和水搅拌成糊状做燃料烧火做饭，好几次内急我将大便解在燃料桶里并与燃料搅在一起，以为掩饰，结果可想而知。以后多少年长辈谈起这事时，都说我小时如何调皮恶作剧，在此我要郑重为自己平反昭雪！

不知什么时候，渐渐感到吃不饱饭了。肚子一饿，就喜欢往厨房跑，发现蒸饭的锅变得奇大——先在锅里放上水，然后放进许多装着米和水的搪瓷杯；吃饭时，每人一杯半干半稀的饭。我那一杯很快吃完了，祖母就从她杯中赶出鸭蛋大的饭给我；牛奶订不到了，她便在湘春街一家奶羊场给我订羊奶。当地人称这一时期为“过苦日子”，即所谓“三年困难时期”。

一天，祖母花一百块钱从某人手里买下一大钵猪油。做饭时，保姆在厨房大叫，原来那是一钵石膏！我爸爸不知从哪儿弄来一听肉泥罐头，加上许多白菜，让我妈妈包饺子，那一顿至今让我齿颊留香。

1957年，老大伯峻、老五德骧、老七德豫和我父亲都成了右派。我父亲在新湖南报社工作，省委顾虑到祖父与伟大领袖的关系，改为留党察看，降工资三级。而在北京工作的老大、老五以及在广州工作的老七就没有这份运气了。两个姑父也成了历史反革命，终究是“严肃处理”了。

祖母虽然受过高等教育，毕竟是家庭妇女，没经过“洗澡”，不懂得“划清界限”，还经常带我去看她的亲家周竢驰。周竢驰生活虽然异常清贫，但非常整洁，一尘不染；也丝毫不减礼性，除了泡茶，还要摆上两碟点心。祖母显然也感受到了政治斗争的严肃性，每次走访后，都嘱咐我不要说；她甚至对七伯父发表错误的政治见解，说治理国家还是国民党强些云云。

有一段祖母恹恹然卧病在床，这时一位北京中国书店的人来家收购祖父的遗稿。祖母见来人持有祖父老朋友马宗霍的推荐函，就让他自己到楼上储藏室去找。那人将收集到的东西装满一担，列了一纸清单，请祖母过目签字；祖母未暇细看，就签了字。后来，其中的《积微居日记》四十九册被中国科学院图书馆买走，另一种重要遗稿被中央民院图书馆买走，而凝结了祖父毕生心血的《文字形义学》定稿则不知所终了。杨伯峻先生知道此事后，曾试图挽回。那人拿出祖母签字的清单为证，伯峻先生无可奈何，曾于 1963 年 4 月 29 日给七伯去函有所抱怨。《积微居日记》尚遗留两册在家中。80 年代为使这份珍贵的近现代史资料成为完璧，杨家无偿将它们捐给了中科院图书馆，只是索要了这两册的复印件。近年来，不下七八家出版社对我说很想出版《积微居日记》，最后都未能如愿。我曾建议有的出版社不妨先将这两册（第 46 册：1948 年 11 月初—1949 年 9 月；第 50 册：1952 年 11 月—1954 年 5 月）付梓，以为引玉之砖。

祖母用钱是大手大脚的，儿辈所寄赡养费每月约 70 元，似乎总是不够。人们常说她老有福气，每当经济上紧张时，就有一笔稿费来。稿费一般是祖父的，如《盐铁论要释》《积微居读书记》等；也有七伯父的，如《朗费罗诗选》。“苦日子”过后，祖母又恢复了上街购物的习惯，我都有幸陪同。如路途稍远，必定乘三轮车，风雨无阻。去得最多的是“沙利文”食品店，买新出炉的面包和蛋糕。这时，必定给我买一包牛肉干。各食品店的营业员全都笑脸相迎，服务周到。祖母表示感谢时，他们总是说：“您是毛主席的师母，这样做是应该的。”

杨家又经常高朋满座了，尤其是过年期间，来看望祖母的人络绎不绝，一般都是祖父的学生、生前友好和他们的晚辈。有位个头不高白白胖胖毛线帽上有俩小球的柳伯妈笑声爽朗，极为健谈。我后来才知道她是伯祖父、祖父一生至交好友李肖聃先生的女儿李淑一。我还记得她挽祖父的下联：“大师捐馆舍，相见何悭一面缘”，是说1956年春节她正要来拜年，祖父就过世了。据说她的健谈救了她。1957年，她供职的长沙十中已内定她为右派，只等宣布了。周日，师范学院几位学生来看她，她便谈到毛主席最近寄给她的那篇《蝶恋花》。几位学生回去后，马上就把这首词发表了，一时十分耸动。十中党支部便悄悄撤下了李的材料，这事直到“文革”档案外泄才“东窗事发”。她老真是“福从口出”啊！1980年暑假我到北京，还在三里河南沙沟她家见过她老一面。

每到春秋佳日，还一大家子同游岳麓山。先乘轮渡到水陆洲，过了浮桥到溁湾市，一行人迤逦往二里半而来。来到师范学院传达室，守传达室的李惠慈是祖母的表妹夫。土改时，祖母的表妹沈莉君从宁乡逃到长沙杨家，住了下来，祖父忧之：万一自己不在了，表妹将何所托乎？何况姑娘年龄不等人。于是祖父找到了出身贫农、老实忠厚的李惠慈……1954年，他们的儿子出生，请祖父取名。考虑到沈莉君多病，还有政治上的风险，便取为“定萱”——萱草代表母亲。沈莉君多病，李惠慈忙里忙外，虽然工资不高，却把个家打理得干干净净，井井有条。祖父坟墓上的柏树，也是李惠慈种的。李定萱1977年考入师院外语系，后来到美国去也。他虽是我的长辈，小时候却是一起玩的。闲言少叙。在李家稍坐，便到至善村——师院教师大多住此。祖母人缘极好，各家都争着抢着请她老去坐坐，杨家其他人则去给祖父上坟——山高路陡，祖母有心无力。坟上完后，即从至善村斜插到爱晚亭，然后白鹤泉、麓山寺，直到主峰顶上的云麓宫。大家坐下，吃热包子，喝茶。那时购买力低下，游山的人极少。包子吃完，年轻人即去看飞来石，谒黄兴墓，中老年人则陪着祖母在云麓宫一边喝茶聊天，一边极目远眺：岳麓林海之东，湘江宛如一条碧绿的腰带，迤逦北上，再看过去就是市区的闾阎十万了。1955年6月20日，祖父与毛泽东、周世钊等人同游岳麓山，毛泽东有《七律·和周世钊同志》记游："春江浩荡暂徘徊，又踏层峰望眼开。风起绿洲吹浪去，雨从青野上山来。尊前谈笑人依旧，域外鸡虫事可哀。莫叹韶华容易逝，卅年仍到赫曦台"；周世钊也有句云："直登云麓三千丈，来看长沙百万家"，可见云麓宫确实是个观景的好去处。

二

"苦日子"结束到"文革"开始那几年，杨家还比较平静。安庄已年久失修，洋房外墙一层层脱落，露出红砖；花园长满了草和蓖麻，成了黄蜂的领地，我就因为擅自入侵被蜇了几次。保姆在后花园种了好些菜，用有机肥浇灌，我们吃上了绿色植物。一人合抱的大桑树上结满了紫红的桑椹，只有汉口女人的大女儿能爬上去，一会儿她就摘下满满一篮，也分给杨家一点点。小崔小李家就在葡萄藤下，她们的丈夫摘下葡萄后，总是全部送给杨老太太，自己只肯拿一点点。漫长炎热的溽暑，蝉娘子单调的叫声如雷鸣一般。

1965年春，斜对面长沙北区区委看中了安庄，便找八伯和父亲两位党员商量，要他俩听党的话。“我们给你们另外找了一处院子，你们搬走后，还会有所补偿的。”很快，杨家举家迁往不远处蔡锷北路上学宫街一条巷十四号，恰好在华昌百货公司后门处。补偿款为数百元。

这处宅子总面积约相当于安庄的五分之一，也有前后院，不过很小。洋房一层，后院有平房几间，可充作厨房，也可住人。因为面积小了许多不够住，几年后大伯妈王舜芝只好搬走了。那院中还住着凌户籍（长沙称警察为“户籍”）一家，他就是本辖区的民警。厕所在后院角落，就是一个坑上安个木头架子，夏天气味难闻。最麻烦的是没有自来水，要从两百米外的水站买水。后院和连接前后院的走廊各有一株葡萄藤，浓荫蔽日。前院栽有石榴、夹竹桃、蜡梅和一株巨大的广玉兰；我曾在浙北南浔见到两株供人参观的大广玉兰，也没那棵大。

这宅子的前门在前院，出门即是上学宫街一条巷，后门对着华昌百货店后门。不知何故，杨家一直都是“走后门”，来往最多的就是紧挨着的成家了。“成”姓长沙话读“常”，户主人称“常胖子”，是一家大饭店的经理兼主厨，他最得意的经历是为周总理做饭；他太太人称常娭毑，经常到杨家串门，顺便上厕所　　公厕要走好几百米。

祸福相倚。有人分析说，幸亏杨家搬走了，否则“文革”时期该“豪宅”目标过大，似乎难以避免被冲击的命运。然乎？否乎？但毕竟这是“出于乔木，迁于幽谷”，可是祖母依然那样气定神闲，未见丝毫牢骚与怨气；只是不久后一次与故人的偶遇，使她老陷入深深的不安中。就在学宫街上，她遇见了曾在湖南大学任教的董每戡教授。董对她说，这宅子新中国成立前是一国民党军师长的私宅，董家从广州迁往长沙后，一直住在这里；前不久北区区委才把他家弄到学宫街上两间旧瓦房内……祖母顿时觉得是自己亏欠了董教授。董教授是浙江永嘉人，1953 年从湖南大学调到中山大学教书。他怎么又回到长沙来了呢？“文革”后期，由于姑父自杀而失去生活来源的大姑，在街道图书室任管理员，和董夫人胡大姐——一位著名湘剧演员——成为好朋友。据胡大姐说，反右后期，董教授即将成为“右派”，由于他早年曾为党做过秘密工作而遭国民党通缉，广东省委主要负责人陶铸想要保他，前提是要作深刻检讨。但董教授认为自己没错，坚持不写。他对胡大姐说，不让我当教授了，大不了卖文为生嘛！结果夫妻双双成为右派，投出去的稿子也如泥牛入海。眼看坐吃山空，胡大姐提议不如回到自己的故乡长沙，好靠亲戚朋友照应……“文革”时，我们那街道阶级斗争的弦绷得特紧。每当宣读毛主席最新指示，总让董先生等几人弯腰弓背站在台上；平时，也经常看到他在扫街。

八伯参加了“四清”运动，一天他从农村火热的阶级斗争前线回来，看到祖母房中挂着四幅泛黄的古代花鸟工笔绢画，觉得格格不入，马上愤怒地扯下，点火就烧；祖母抢救下其中一幅。这几幅画是 1956 年我外公为祝贺祖母乔迁之喜，从北京寄来的；他 30 年代从宫中太监那儿购得。余下那幅 1978 年经徐邦达先生鉴定为明初古画，因没有题款，并不值钱。

很快，“史无前例”开始了。街上的喧天锣鼓，居然把“不知有汉，无论魏晋”的祖母也吸引上街了。看着满街的毛主席像，听着洋洋乎盈耳的“万岁”声，祖母脱口而出一句可把我吓得不轻，拖着她就往回走。她却不紧不慢地说：“不要紧，他还欠我一床被子没还呢！”原来，祖母1906年以第一名考入周南师范第一届，1911年底以第一名毕业，校长朱剑凡亲笔书写了该校“第一号”毕业证书；旋留校任教。祖母在周南的班主任始终是徐特立先生。后徐特立办了所幼师性质的“稻田师范”，请祖母出任附属幼稚园主事；徐也在第一师范任课，成为毛泽东的老师。毛泽东经常去稻田找徐特立谈天，往往通宵达旦。有天晚上，毛泽东持徐写的字条到祖母处借了一床被子，后不知何故没有归还。祖父与徐特立是老朋友，“五四”前后，他俩与陈润霖、朱剑凡共同发起了湖南教师的进步团体“健学会”，倡导新文化运动。那时祖父也经常去稻田找徐特立，祖母也见过他，但没料到几年后竟然会在北京结为连理。1955年祖父母在北京去看望徐特立，徐高兴地说，你们两位，一个是我的朋友，一个是我的学生，竟然走到了一起，太好了！（图五）

革命不是请客吃饭，紧接着的许多事让人啼笑皆非。1966年天气渐热，祖母上街买了一瓶花露水。八伯同家见到这种资产阶级的货色，怒不可遏，就把它全洒在粪坑里。以后的几十天，后院里弥漫着一股前无古人后无来者的气味。紧接着就是抄家的危险降临，我已在《丹书铁券》中叙述过了，可谓有惊无险；否则无书可读，我恐怕也无机缘写作此文了。一天，我和祖母各自拿着一本小人书在看，来了一对中年夫妇。他们都是祖父的学生，男的叫李祜，是师范学院中文系主任；女的叫罗琪，中文系教师。他们面色凝重，说了几句寒暄的话，留下两包点心就告辞了。他们走后，祖母拿点心给我吃。过了两天，祖母对我说，那天送点心的两个人自杀了！祖母介绍说，李祜家是祁阳大户，姐姐叫李祁，诗词写得极好，一生未婚，后来到美国去了。又说祖父死时，罗琪极为伤心，边恸哭边说有年没钱交学费，正发愁要退学时，总务主任告诉她，学费遇夫先生已经代交了。祖母还说，是李祜先上吊死，而平时忙里忙外都是李祜，罗琪顿时感到天都塌了，也就步了丈夫后尘。关于此事，湖南师大退休俄语教授李蟠先生写有《一根绳子，两条人命》。

很快“武斗”就开始了。出门二三十米来到街上，到处可见腰间挂着手枪的人。一天，听见“砰”的一声巨响，出去一看发现杨家后门处枪走火，一颗子弹伤了三个人——穿过俩人身体，又从常胖子小女儿耳郭边擦过去。

我父亲1957年任新湖南报社农村部副主任，因办报理念与省委不同而被“反右”。他认为应该多以党的思想政策教育农民，而省委发来的稿件多是冗长的诸如定额包工和双季稻栽培技术的文章，读之使人昏昏欲睡。这时对照“文革”精神，觉得自己当年并没错。恰好有几位在衡阳的编辑部右派朋友来串门，鼓动“翻案”。开始父亲并不想参加，他想这些人要是弄成了，自己也有份；弄不成，自己是党员，每月工资有80多元，也算不错了。就在这一刹那，他忽然觉得这样想想都很可鄙！于是“狠斗私字一闪念”，毅然决然参加了。他当过领导，组织能力较强，后来居然成了翻案集团的头头之一。那些朋友来找他时，我在衡阳；后来到长沙“策划于密室”时，我又在长沙。只见我二姑的那间房里，长辈们来来往往，大声讨论，热闹极了。

一段时间后，我又到了衡阳，那天正到母亲单位地区森工局食堂吃饭，发现吃饭的人比平时多多了，大概各县局的人都来了。从他们的议论中，知道大伙是刚从“广场”——衡阳最大的群众集会场所兼体育场——开会回来，与会者多达十万，批斗六个人。我聚精会神听着。他们先说到五个人，都是地区和市里的大干部，如陈祥聚、张维新、杨兴洲、岳剑飞等，然后他们说：“杨德嘉真是狗胆包天，还敢组织右派翻案！”我一听就懵了！吃了几口就走。刚回家，还没来得及禀告母亲，就听她说：“你今晚到长沙去吧！”

这时，长沙也已风声鹤唳，杨家一向低调，此时更是老老实实，不敢乱说乱动。原街道居委会的陈主任、穆瞎子等一见到杨家的人，一张脸马上拉得老长，还经常深更半夜查户口，“叫嚣乎东西，隳突乎南北”。我户口在衡阳，家里只好把我送到保姆何月英的老家宁乡花明楼戚家山她妹妹家放了半年牛，还参加了春耕和双抢。有道是“鱼有鱼路，虾有虾路”，又云“从战争中学习战争”，地下党书记出身的八伯似乎熟门熟路；不过“人不犯我，我不犯人；人若犯我，我必犯人”，两场“自卫反击战”就是在此情况下发动的。

一天，杨宅前院的围墙突然被推倒了，紧挨围墙的一大丛夹竹桃也被砍掉，紧接着，隔壁开始了建房施工，他家墙基向杨宅前院推进了一米。八伯忙去交涉，一个黑大汉跳将出来，破口大骂："你们这些臭知识分子！如今是我们工胖子的天下……"我也不知道这之后八伯做了什么，反正几天后黑大汉过来赔礼道歉了，已经砌到一米高的墙也拆掉缩回去了，只是夹竹桃没有了，未免可惜。

凌户籍白住着杨家的房子，杨家并不敢奢望他会搬走，和他老婆孩子相处也算融洽，可是不知从什么时候起，凌户籍开始四处张罗，要赶走杨家，好独享这一宅院。他找到原北区房地局娄某，共同炮制了长达 90 多页的材料，力证杨家都是些牛鬼蛇神，不配住这么高级的"甲类住房"。他们将这些材料寄给杨家所有成员的单位，如我表哥所在化工机械厂就据此将他整了一回。这可真是"牺牲已到最后关头"了！八伯于是写了一份材料，附以毛泽东写给祖父三封信的照片，请周世钊交了上去。当时湖南省革委会主任为华国锋，省军区司令为杨大易。信转到了杨大易那里，杨派省群工组负责人刘国强处理此事，刘派来了俩人，其中一人曾为群众组织"高司"的负责人。来人态度恳切，问杨家有何困难？有何要求？就这样，凌户籍被迁走，并调到另一派出所去了；陈主任、穆瞎子等拉长的脸又缩了回来，春节时还提着酒来嘘寒问暖。

八伯认识的人极多。如周世钊，从 1969 年直到周 1976 年去世，来往都极其密切。周是民主人士，"文革"前当过副省长。一些人以为他如今成了走资派、死老虎而时不时踩上几脚。他们哪里知道，周是毛泽东湖南一师的同班同学，五四运动前后毛在长沙活动时，一有困难就到周那里又吃又住，如同亲兄弟一般。赶走凌户籍之前，一次八伯联系周某日到他任教的长沙一中讲毛主席青少年时的故事，恰好时任省革委会副主任的卜占亚的儿子在该校念书，这事就让卜知道了。卜大发雷霆，说怎么还让走资派出来放毒？不久，毛接周到北京叙旧，问卜表现如何？周如实说了。那天凌晨毛周会谈后几小时，即上午十点，卜还给长沙湘江大桥剪彩；不久，就到兰州军区当副政委去了。周返湘后，来探望祖母，说毛曾问起杨家近况，周说他美言了几句。这事对八伯鼓舞很大，后来对黑大汉、凌户籍之流“敢于斗争，敢于胜利”，大概与此有关。

三

长沙杨家到了上世纪 70 年代初，算是缓过一口气了；但是在衡阳，我父亲这一房的日子可是很不好过。从 1968 年 9 月 13 日“广场”十万人批斗开始，我父亲就身陷囹圄了。坐大牢八个多月后，转移到三塘学习班；这里关了一年多，又转到铁路边的地区卫生防疫站。我是 1970 年春节后到的衡阳，三塘去过几次。防疫站因为离家近，便经常去送东西，但必须经过门房检查，寄来的信件也须他们先看。其中有封信，我事后读过，一猜就是八伯起草让祖母誊抄寄出的。信中煞有介事地斥责父亲“忘了本”，说什么“你忘了吗？在辰溪的时候，外面下大雨，屋里下小雨，我戴着斗笠在厨房做饭……”当然，这些话是写给检查者看的。祖父虽然抗战前还算宽裕，但属于“自由职业”，和中农相等，不是“剥削阶级”。给父亲罗织罪状的人当然明白这点，他们闪烁其词地说什么杨某某“出身豪华家庭，兄弟姐妹都在海外为美蒋效力”。“戴着斗笠在厨房做饭”，确是抗战后期教授家庭的真实写照，而“兄弟姐妹都在海外为美蒋效力”，则完全是杜撰，捕风捉影都谈不上。

父亲直到1972年才“解放”。他写有《遭遇“革命”——我和我的家人》，网上可以看到。

那时，“资产阶级反动学术权威”被打倒在地，他们的名字从报刊书籍上彻底消失，他们的著作在书店和图书馆里无踪无影，因此，一旦某人的名字出现在报端，他的家人和亲戚便高兴极了。如果某人的著作居然解禁，那就更是喜事一桩。倘若承蒙伟大领袖眷顾，问起某人或某人家属的情况，那简直就像过节了。因为如果出现上述情形，日子必定会好过一些，甚至大为改善。上一篇说到毛泽东曾跟周世钊问起杨家近况，使得杨家在反抗黑大汉凌户籍的斗争中没吃大亏。“文革”中，家里还发生过几件“高兴事”。

上世纪70年代初，一些书籍解禁。解禁书目为白封皮，十六开，大约两毫米厚，其中有祖父的《词诠》。这事着实让家人兴奋了几天。

“文革”后期，章士钊衔最高当局之命，赴香港对台湾蒋氏父子实行统战，结果一病不起。因章与毛泽东是亦师亦友的关系，早先还资助过毛三千大洋，又是“出师未捷身先死”，所以他的追悼会规格很高，报道版面很大。那几天，我在长沙听见长辈纷纷议论，《人民日报》报道章的“生前友好”名单中赫然出现了“杨伯峻”，他们都很高兴，这说明杨伯峻已经“解放”了。

1975年，杨宅因为葡萄藤长年累月在瓦上爬，引起漏雨。八伯那时听祖父好友、《三个火枪手》的译者李青崖先生的女儿李敏求（即李颖）说她父亲的房产经周恩来批示落实了政策（李先生在法国时与周熟识），就通过海军政委苏振华的女儿将一封信交到了总理那儿。总理作了批示后转交华国锋办理。很快就有人来修房：砍掉了葡萄藤，修整了屋顶，将后院铺上了水泥，并把后院的小门改成大门；安装了自来水管，从此不用再到水站挑水了。从这时起，省委统战部每月发给祖母四十元生活补助，直至她老去世。八伯弄到了一套煤气灶和煤气罐，据说全省只有四百套。祖母吃一种香港买来的胶囊补药，精神好了很多。

“文革”后期我已下放衡阳地区的衡南县，事先已经说好只要满两年，就可招工当兵或上学，大家都充满期待。一次到公社听宣读中央文件，说有几位老知青走访了陕西许多知青点，发现人去楼空，都已招工上学去了。他们觉得刘少奇“下乡镀金论”遗毒还没有肃清，就通过副总理吴桂贤的丈夫转交给中央一封信，提倡“扎根农村六十年”，得到“中央领导”的嘉许。回家路上，知青们都默不作声，心想这下完了！我那几年与李亚光合住一室，他叔叔在北京某部队，消息灵通。他告诉我江青到大寨胡说，受批评了。不过那些年“城头变幻大王旗”，大家都麻木了，也就听听罢了。不久后我在山坡上守花生，听见远处地区农科所广播传来低沉哀婉的声音，我想大概又有人作古了，便竖着耳朵细听，原来是毛主席去世了。不久后又去公社听区委宣传部长作报告，他反复说了好多次毛主席“结细以后”如何如何，大家不知所云，交头接耳，议论纷纷，台下一片嗡嗡声。我想了一会儿，作出解释：原来他将“逝世”读成了“折世”，本地方言便是“结细”。大家大为叹服，没想到后来我竟然研究起语言学来。有天回家，父亲颇兴奋地告诉我，“四人帮”倒台了！我说刘少奇、林彪接连倒台了，那又怎样？他说，那不一样！往大里说，国家可能从此走上正轨；往小里说，我的“文革”问题、右派问题可能从此能够解决。等着看吧！果然，不久，他的“文革”问题解决了，当上了地区水电局副局长；1978 年底，右派问题也解决了，当上了地委农办副主任，不久，调为地委副秘书长。

“四人帮”倒台后，美籍华人梁容若先生回国，许多高官接见，引起相当重视。一天，《参考消息》花了几乎整整一个版面登了梁先生的《从鲁迅先生读小说史》。他说大约在 1924 年时，还是北师大国文系学生的他，受系主任杨遇夫先生之托，到鲁迅先生家请他填表。先生本不愿填，但看到“杨主任”工楷代填的各项，才收下表格，并与梁先生聊天。从此，梁开始从鲁迅先生读小说史云云。这篇文章里，祖父的名字不单出现而已，还有具体情节，这在当时分外难得，亲戚们都找到这天的《参考消息》，珍藏起来，至今我父亲处还有一份。

可是就在1978年初，身负“历史反革命”十字架的我的二姑父周铁铮，却因半身不遂动弹不得，家中失火烧死了。一两年前，同为右派的七伯父在回农场之前，在街上遇到正在扫街的二姑父。七伯掏出仅有的19元钱给了他，后来再从祖母处拿钱买票。更早些时，周媄驰死了，我和表哥去看过二姑父的；后来，我又替表哥送过40元钱给他。我去时，他正往一口煮着清水的锅里下湿面团，加上几片菜叶就是一餐；眼镜腿早掉了，用麻绳代替，系在白发苍苍的头上。而早在“文革”之初，一天大姑接到大连来的电报，走到堂屋对着大家幽幽地说：“袁久坚自杀了！”大姑父袁久坚也是所谓“历史反革命”，罪名是抗战期间湖南大学学生在地下党领导下举行驱逐新来的校长同时也是化学教授李毓尧的运动时，他站在了校长一边。到了这时，在大连的表哥表姐要求组织给个说法，领导说，党委书记被揍得死去活来都没自杀，你爸爸挨了两个耳光就自杀了……

而对于我，最影响命运的，就是1977年的高考了。

我的曾祖父是一位私塾先生，在水口山矿务局做过职员，在夫人孔氏的兄弟家设馆授课，同时培养自己的儿子。在家族中有这么个传说，曾祖父找过一位风水师看坟，这位风水师为杨家找到一块坟地后打包票说，若葬在此处，子孙必大发达。曾祖父许诺说，如果子孙发达，必酬以千金。到了20世纪20年代，祖父已在北京任教授，伯祖父是省议员。这时风水师的后人找来了，伯祖父为兑现诺言，给了他们一千块大洋。又有人说，祖父在岳麓山的坟地风水极佳，可保佑后人几十年。杨树穀、杨树达兄弟的第三代，“文革”前凡是参加高考的，没有一人落第。到了1977年，情况发生了变化。我祖父这一房，只有我一人考取湖南中医学院。伯祖父一房，据我所知，至少四人考取：杨伯峻先生第四个孩子数学100分，入中南矿冶学院数学师资班；第五个孩子考上北京大学学国际政治，第六个孩子在同济大学学桥梁工程。另外一位堂姑的女儿考到河北大学学日语，后来到日本去了。我考得不甚理想，主要是因为走了一条“扬短避长”的路线——不考擅长的文科，而考相对较弱的理科。“文革”开始，我即在长沙家中读书，可谓无书不窥，自然考文科把握较大。可是，家里不大赞同报考文科。他们拿五伯父和七伯父为例来开导我：两人都打成右派，五伯是水泥专家，工资一分没减，全国到处跑，解决各水泥厂的技术难题；七伯的中国古典文学、英美文学如何了得，却被发配到大通湖农场教书。“文革”中挑砖上窑跌断了手臂，工资减了一大截，最惨时，每月只有十五元生活费，还患上血吸虫病……后来，我的数学分数在从卷面誊抄到表格时又被误抄少算了二十分，虽然总分超过重点线几十分，少算的数学分加理化分却比我所报考的湖大机械系要求的少了几分，这样就被分入湖南中医学院学了五年医。又干了一年多临床，在省委党校当了四年文史编辑，才考入武汉大学中文系，硕士毕业留校任教，总算转了一大圈又回来了。

到 1979 年放寒假，刚好读了一年。我已买好去衡阳的车票，行前去看祖母。时值隆冬，又是阴天，朝前院的窗子敞开着，炭盆里只剩下一点火星，我冷得瑟瑟发抖，把手伸向炭盆。祖母问："你冷吗？"我反问："您不冷吗？""不冷！"一丝不祥之感掠过我心头："难道这就是所谓'虚阳外越'吗？这对高龄老人可不是好征兆啊！"马上我又安慰自己，前不久我的同学，出身中医世家的黄一九还说她老脉象平和呢！何况我才刚刚学医，也不太自信，但心中总想着这件事。刚过完年，在衡阳的我听见门外邮递员大叫："杨德嘉接电报！"心里大叫不好！一会儿，看见母亲哭着进来了。当时就去买火车票，我和爸爸赶往长沙，只见祖母躺在她房间的担架上，面容安详，仿佛睡着了一般。这天早晨，住在隔壁的大姑听见祖母房中一响，好像重物倒地的声音，敲门不开，搬个椅子到前院垫脚，从窗户看见祖母倒在地上，手里拿着一块蛋糕……当晚，父亲决定和我就睡在祖母床上，大家都来劝止。父亲说："她是我妈妈，难道会害我吗？"三人同处一室，两人安然入睡。第二天办丧事，常胖子自告奋勇来帮忙。办豆腐席那天，他在后院架起一口大锅，炒起菜来。到底是给周总理做菜的大厨，自然不同凡响，真个是色香味俱全。这时，有一清癯瘦小的老者提着两包点心来给祖母拜年，大姑介绍说，他叫范治学，住麻园岭，是祖父的私淑生。祖父在世时，他曾来请教过几次的，以后年年都来给祖母拜年。第二天，又有一三十七八和一六十岁左右男人敲门问："霞姑子是住这里吗？"原来，

60 岁男人是祖母堂兄的儿子，那 30 多岁的男人是祖母堂兄的孙子——他是位花鼓戏演员，他夫人是名演员李小嘉，她演的《打铜锣》可谓家喻户晓。据来人说，他们打听了几年，才找到此地。可惜！来晚了两天。饭前在堂屋开追悼会，何申甫（泽翰）先生宣读了自己撰写的悼词，祖父在长沙的学生到场的，还有易祖洛、易仁荄、廖海廷等。这时正值右派改正，牛鬼蛇神纷纷出笼。那天来参加追悼会的有沈立人、彭艳姣等。沈是抗战时军事委员会政治部三厅某抗敌演出队的队长。电影《八千里路云和月》就是以这些演出队员为题材的。至于彭，我开始以为是位女士。彭写的悼文挂在堂屋，写得像散文诗一样。第一句是“杨师母，你是中国妇女的楷模”，署名“彭艳姣”。大姑告诉我，在街道工厂做事的彭是抗战时成名的诗人，后任湖南大学、湖南师院中文系副教授，1955 年成为“胡风分子”。他本姓陈，笔名“彭燕郊”。彭在 50 年代与祖父时相过从。我在网上看到，彭曾对人谈及祖父在 1955 年 6 月 20 日与毛泽东、程潜、周世钊等人同游岳麓山时，毛讲到反胡风问题。我所听到的，与彭所说小有不同。毛说：“最近出了个胡风集团。”杨问：“他们做了些什么？”毛答：“反对我。”杨问：“他们有多少人呢？”毛答：“几百人。”杨问：“您准备如何处理他们呢？”毛未作声。这事我大姑杨德娴和祖父的学生廖海廷曾在不同时间、地点告诉我，他们说得可是一模一样。

四

二姑父死于1978年初，没等到平反昭雪；祖母死于1979年初，那时五伯、七伯和我父亲等都已“改正”，总算没有抱憾而去。那几年还是有些好事的。如七伯“改正”后到湖南人民出版社译文室工作。1980年，他编辑的第一部书是王金陵译《这里的黎明静悄悄》，一炮走红；同年，他编的薛君度著杨慎之译《黄兴与中国革命》又引起极大反响。紧接着自己译的《拜伦抒情诗70首》也出版了，共印了几十万册，卞之琳先生撰文说该书和查良铮某译作的出版，标志着“译诗艺术的成年”。后来又以《湖畔诗魂——华兹华斯诗选》荣膺首届鲁迅文学奖彩虹奖第一名。论者称誉他和傅雷的译作都达到了“化境”。

约在1983年，西区房地局的一个亲戚告诉表哥杨立，最近国家下了一个文件，要落实政协委员房产政策；而祖父是第二届全国政协委员（特别邀请人士），当时的政协主席是周恩来。表哥和我商量后认为，为了趁热打铁，不必请示长辈，我俩这就干起来。于是我起草了一个报告，陈述杨宅以大换小的经过，要求落实政策。表哥将报告交了上去，大半年后，补了2万多元钱。八房均分，我父亲用这笔款子买了一台冰箱。事后得知，政协主席邓颖超在报告上作了详细批示，大意谓，我没见过杨树达，但听恩来说起过他；报告所言如果属实，应尽快予以落实政策。因此，当时湖南是将杨宅列为应予落实在湘全国政协委员政策名录第一位的，位于名录第二位的是张孝骞（医学泰斗）宅。结果张宅退还给了张家，杨宅只是补了钱，那是因为安庄这时已被拆除了。

1984 年，我和表哥杨立将祖母的骨灰埋葬在祖父墓侧，湖南师大请人在祖父墓碑“杨树达教授之墓”旁刻下“夫人张家祓一九八四年附葬”,28 年之后，老两口在惯居的岳麓山来了个“小团圆”。

1983 年到 1984 年初，我因遭遇人生最大的波折，一闲下来就心烦意乱，只好不断奔波劳碌，以求度人度己。一来二去，我因给人跑“落实政策”而小有名气，除了上面这件事外，办成的还有我姑妈入省文史馆的事、周曼如入文史馆的事，还帮助台湾师大杜松柏教授找到了他战友邓笃光失散多年的弟妹；以至于鲁实先夫人写了个“授权书”给我，让我给她办一些有关鲁先生台湾版权的事，那却是我鞭长莫及的。

为跑大姑进文史馆的事，我去找了堂兄逢甲的岳父文于一先生。因为他是省参事室副主任，而参事室和文史馆一道办公，一定可以给我提供主意。果不其然，他建议让大姑先写一个报告，提出理由，然后将此报告交给省政协主席程星龄先生，他也会相机跟程老说说。按照文老提供的地址，我到了教育东街程老家，跟他说明来意。程老接下报告，淡淡地说，我去试试，但不敢保证办得成。

在此之前，祖父的学生，社科院语言所的王显先生回湘看到大姑生活无着，又听说时任全国妇联副主席的黄甘英是大姑 30 年代在北平念小学时的同学和好友，回京便给黄大姐写信；经黄斡旋，祖母去世后停发的每月 40 元仍由省委统战部按月发给大姑。到了 80 年代，40 元只能勉强够用，一旦生病，就不敷支度了。一天，大姑到统战部领钱，出纳对她说，下个月，您就不用来领钱了。大姑听了不禁一怔。忙找领导去问，才知道自己成了文史馆员。

事后，我们并没有对黄甘英、文于一、程星龄诸位表达任何形式的感谢，现在说声“谢谢”显然太迟了！王显先生和他大学同学任建纯结为伉俪，是祖父介绍的；任早逝，王先生将她的大照片挂在床头（我亲眼所见），独自拉扯两个女儿成人，依然孑然一身，后来竟因一场感冒去世。

文于一先生 1937 年任胡宗南第一师上校团长，淞沪抗战时左腿受伤，人称“文跛子”，所以一直以自行车代步，直到 80 岁。1947 年，刘戡率整编 29 军进攻延安时，文任参谋长。文对我说，刘戡被打死时，我正有事外出，否则可能也死了。文曾告诉周世钊，说他得到情报，带着好些人在一个地方搜索毛泽东，结果一无所获。周到北京问毛，毛说我们一百来人就躲在那里，他们走路声说话声都听得到。“硬是一堆猪！”周回长沙便将毛所说告诉了文，却没说毛骂了他。这些话是周的女儿传出来的，周的女儿女婿及女婿的弟弟弟媳都是我父母的同事兼难友。70 年代末 80 年代初，文经常对人说，胡宗南没有采纳他的建议，否则中国历史将要改写。文说陕甘宁边区有个突出部，他建议先解决这一突出部，胡却没有采纳。1948 年底，文因父病返湘，不久出任陈明仁第一兵团参谋长。1949 年 6 月，白崇禧令陈明仁将参加“湖南军人民主促进社”的宪兵10团团长姜和瀛等7人逮捕法办，陈明仁交文执行。文恳请陈向白为姜等缓颊，白遂将手令收回，后姜参加湖南和平起义，成为省参事室参事。姜的儿子是我儿子的姨父，故我有所耳闻。

刘戡的弟弟是少将，去了台湾。他女儿老挨整，便说，要知道这样，还不如跟去台湾呢！这就成了反革命。她丈夫和她本人都是我七伯和父母的朋友。前些年，她是湖南省舞协副主席。

程星龄先生是程潜的族弟，也是毛泽东第一师范晚两届的同学。他1957年也未能幸免，曾想把女儿介绍给七伯父；心想我俩都是右派，谁也别嫌弃谁。可七伯父并不这样想。后来程的女儿也进了文史馆，与大姑同事。

“文革”之前，杨家在办理学宫街杨宅产权时，将地契遗忘在房产局；约在1991年，长沙市北区国土局将它弄到手，宣称杨家已将产权出让，办好了将杨家地产划归该单位名下以建造宿舍楼的手续。1992年初，有一帮人突然排闼而入，强行入院内打桩，杨家人才恍然大悟。后来，房子被拆掉，在求告无门的情况下，我以“豳风”的笔名写了一篇文章，投稿台北《湖南文献》，于1994年1月刊出，标题为“杨遇夫教授私宅被长沙市北区国土局强拆之经过”。该刊《按语》写道：“本文投稿人‘豳风’是笔名，稿从武汉寄来，另有真实姓名，向本社负责。”

从此，杨家人宁静的生活被打碎了。一方面，北区国土局委托北区城建综合开发公司的人轮流上门催逼，搅得杨德娴、何月英两位年过七旬的独居老人寝食不安，血压上升，心悸怔忡，夜晚时常被噩梦惊醒；一方面，开发公司的人又不断飞赴上海、北京、沈阳等地，向遇夫先生的其他子、媳极尽挑拨离间之能事。所幸大家能互通声气，这一手段终未得逞。……

如果此次是国家大规模建设或成片开发，杨家自能从大局出发，服从国家利益；退一步说，如果国土局与开发公司能就近安排面积与卫生条件相当的住房，杨家亦能忍痛搬出；因为四户当中，有两户是行动十分不便的独居老人（杨德娴七十有二，子女远在大连；何月英七十有八，丈夫儿子均过世），而积微居距市立一医院、省中医院、菜市场、百货公司都十分便捷。但是，国土局却要把这些风烛残年的老人安排到北郊远离医院、市场，垃圾成堆，污水横流，蚊蝇成群的陈家湖，这无异于置老人们于死地。又，遇夫先生的外孙杨立夫妇上班远在南区金盆岭和冬瓜山，迁往北郊，上班将十分不便。基于这些原因，杨家拒绝搬迁，理所当然。

北区国土局原位于北郊竹山园，只有六七个年轻人；而北郊尚有大片空地尚未开发，自可大兴土木。而此数人为了进城纳福，竟不惜将七旬老人逼往黄泉，心肠何其刻毒！

1992年8月20日，北区国土局的上级单位长沙市国土局发表了所谓《裁决书》，限令杨家四户迁往北郊陈家湖，但只安排2室1厅、1室1厅各一，此外尚需“找补”北区国土局18300余元人民币。如杨家不愿缴纳此款，则将杨宅积微居作价23500余元收购。《裁决书》谓：“如你们对此裁决不服，可在接到《裁决书》之日起15日内向人民法院起诉。逾期不搬迁也不起诉者，将由人民政府责成有关部门强制拆迁或将申请人民法院强制拆迁。”……《裁决书》下达后，由于市委书记夏赞忠批示“妥善解决”四字，国土局暂未敢有所行动。1993年初，夏调往北京任新华社副社长，国土局又开始催逼。3月1日，北区法院在积微居门首贴出了限令3天内搬出，否则强行拆除的布告，两位独居老人一筹莫展，茶饭不思，血压上升，心脏病发作。在此情势下，杨家不得不忍辱含垢，与国土局订立城下之盟。数日之后，为海内外学人所景仰的积微居——即使在“文革”浩劫中，周恩来还曾指令华国锋拨专款予以修缮的一所建筑——訇然倒下，片瓦不存。

读者不难看出，文中所言“积微居”不是事实；将杨宅称为“积微居”，是想扩大关注度。除此之外，全是实录。我父亲能找到夏书记作批示，是因为他担任过几年省出版局副局长，而夏在任长沙市委书记前任省委宣传部长，是父亲的老上级。父亲将报告交给夏书记，夏在天头批了“妥善解决”，告诉父亲持此报告去找长沙负责城建的高官罗高俫。高俫一见到报告，就屁眼里起漩涡子风，朽里朽气地说：“你们这些人就会无理取闹！”父亲愤不能忍，跟高俫吵了起来。最后还是由于夏的过问，国土局在拆房后将条件放宽，给了杨家十来万元，一套2室1厅（陈家湖）；并许诺国土局大楼盖好后，安排两位七旬老人住进去养老，但无产权。大楼建设期间，我大姑杨德娴被子女接到大连，何月英老人则被安置到上大垅一间逼仄潮湿无厨厕的小房，生活就医极为不便，1994年12月31日去世。

我的文章1994年初刊出，同年被《新华社内参》转载，中央领导高度重视，作了重要批示。北区国土局局长被召去谈话，回来后长吁短叹，惶惶不可终日。1995年，大楼落成。每层两户，各两室一厅；只有第二层为一户三室一厅，一户一室一厅，这样大姑便和国土局局长成了邻居。国土局郑重承诺，虽然杨家无产权，大姑可以终生住在这里。局长对我大姑亲切地说："有什么困难只管跟我说，千万别再写什么了！"大姑并不知道我写文章的事，茫然地说："我并没有写什么呀！"不久，局长忧虑过度，得了肝癌，搬进新居刚半年就见马克思了。当时我们并不知道新华社内参转载的事，我表哥是后来听他集邮的朋友，新华社湖南分社记者孙炜剑说的。我们是直到最近才知道。

我在文章中说："国土局以区区23000余元强行收购积微居，是否真的筑办公楼与宿舍，抑或另有图谋，欲高价卖出，牟取暴利？"这话不幸也言中了。1999年，北区国土局又在某处盖了新楼，便将旧楼卖给一个体老板。直到国土局搬家，杨家都浑然不知。国土局返还一点钱给老板，算是大姑住在那里的租金。该老板于是上门评估大姑的健康状况，见面后大呼上当，说这老太太一下还不会死，收这点钱算是倒了血霉！大姑听了这话，当即表示不食嗟来之食，要求国土局另外给她找个地儿。年末，住在某老人院一间朝北终年不见阳光无厨厕单间的大姑因感冒并发肺炎；2000年1月1日凌晨1点，在医院去世，总算跨世纪了。

为杨家最后这点产业，当时惊动了李锐、楚图南（祖父的外甥女婿）、费孝通（祖父的清华同事）等，终归没有保住。2001年初，八伯去世。随着杨宅的消失，和长期住在这里的最后一位长辈的去世，我这篇小文也该收笔了。

（载2010年1月17日、2月17日、3月21日、6月20日《东方早报·上海书评》）

杨树达在辛亥革命前后

杨树达先生并不曾投身辛亥革命。但异于人们对他“书斋中的学者”的定位，他曾经投身过“五四”新文化运动，是湖南新文化运动的“活跃分子”；他倡导过简体字白话文；他是湖南“驱张运动”赴京请愿的主要代表；他的子侄辈多人正是从他那儿看到了《新青年》等刊物，才相继投身于时代的洪流……

1911 年 11 月，从大阪开往上海的海轮上，一位身材一米八以上，二十六七岁的青年站在船头，眺望远处，陷入了沉思。一个多月前，武昌起义的消息传到日本，留学生们议论纷纷。随着局势的逐渐明朗化——各省独立的消息不断传来，不管赞同革命的，还是主张立宪的，还是留恋清廷的，都在估摸这一革命对自己的影响。很快，影响出现了。就他而言，国内动荡，首先响应武昌起义的湖南，每月一寄的官费停止了。等待一个月，看来一时半会儿不会恢复，而囊中所剩无几，不如赶快归国。这不，现在已在船上，只是仅够买到上海的船票，从上海到长沙的旅费还没有着落呢。不过上海同学朋友甚多，总是可以借到的。

17 年前，甲午战败，割地赔款的消息传到家中，10 岁的杨树达眼看祖父和父亲的刺骨锥心，心里已埋下报国的种子。戊戌变法前一年，杨树达和他的哥哥一同考入梁启超任中文总教习的湖南时务学堂第一班，成了 40 名学生中最小的一位。学习的内容，就是如何"革政救亡"。戊戌变法失败后，时务学堂第一班学生多人包括蔡锷以及后来牺牲的李炳寰、田邦璇、林圭、蔡仲浩追随梁启超到东京；1900 年自立军起义，时务学堂老师唐才常及李、田、林、蔡等殉国。这些事年幼的杨树达都未参加，但心底对这些学长是敬佩的。这在他后来撰写的《时务学堂弟子公祭新会梁先生文》中可见端倪。在 30 年代中期的日记中，他曾写道："湘中近代人物，当以宋（教仁）及蔡松坡为最大。"就在 1900 年，他到求实书院读书，凡 3 年，并在 1903 年以第一名考取秀才。1904 年初，好友湘潭周大椿（季良）前往日本留学，嗣后不断来信，"陈说世界大势，谓中国危亡在即，力劝往游"。次年，杨树达和哥哥一道考取湖南官派留日学生，祖父炳南公希望兄弟俩去考功名，他们只得答应次年回国参加科举，这才终于在 6 月成行。而就在这年 9 月，清廷宣布第二年废科举。有意无意间，兄弟俩完成了一次绝佳的新旧过渡。当时，章太炎先生在东京讲授国学，杨树达曾经想去拜师学习；转念一想，此非当务之急，便打消了念头。他受同县友人杨昌济劝告，决心放弃"速成"的路子，转而从基础起步，系统学习"欧洲语言及诸杂学"。

这对他一生影响很大，可以说决定了他一生的学术走向和治学路径——因为他后来即是因为治汉语语法而崛起于学术界，而“欧洲语言”是他草创“以词法为中心的古汉语语法”的借镜。而当时湖南留日学生多入速成班学法政、经济，两年即可学成。同时，他在日本加入了一个包括杨度、杨昌济、李肖聃在内的只有不到十人的小团体“中国学会”。所谓欧洲语言，主要是英语。现存中国科学院图书馆善本书阅览室的杨树达留日日记，即为英汉对照体。按杨树达最初的设想，在日本的高等学校毕业后，前往美国留学。

1907 年 7 月，杨树达的姐夫，安徽巡警学堂的教官彭麟书目睹其挚友徐锡麟因刺杀巡抚恩铭，心肝被恩铭的亲兵挖出，深受刺激，因而精神失常。辛亥年 3 月底，正在京都第三高等学校读本科的杨树达，惊闻之前在东京第一高等学校预科学习时的同学林尹民参加黄花岗之役而殉难，充满了敬佩之情。1948 年 5 月，他在日记中写道：“游黄花岗，谒七十二烈士墓。建筑颇壮丽，有碑记事。此辛亥年三月事，余时留学倭京都。第一高等预科同学有参加是役殉难者，心窃敬之。今来参谒，怆感万端；盖当今一人秉政，权利唯恐或后，死者有知，能无痛哭？”

这时，他在归国的旅途上，一方面，学业尚未完成，有些彷徨无助，另一方面，亚洲第一个民主共和国诞生于故国的土地，他充满了希冀，希望回国后能有所作为，报效新的国家。

回到长沙，昔日求实书院同学陈润霖出任湖南新政府教育司司长，聘请他任图书科科长。不久后辞去，在湖南四师、湖南一师、湖南女子师范等校教授英文和国文法。

辛亥的真精神，是由皇权转换为民权，种族革命并不是最主要的；在这一点上，立宪派和革命派达成了最大的一致，所以革命才能成功。辛亥以后，民权的伸张并不顺利，所以杨树达在1918年目睹南北交讧，有感于《老子》“天地不仁，以万物为刍狗；圣人不仁，以百姓为刍狗”“兵者，不祥之器”等语，开始编撰《老子古义》。次年，五四运动爆发，长沙学术界陈润霖、朱剑凡等发起“健学会”，响应新潮，杨树达积极参与，演讲以白话文取代文言文。他的为分析白话文而写的《中国语法纲要》一书就酝酿于这一时期。当时湖南督军张敬尧勒索财物，摧残教育，限制言论自由，杨树达又积极投身驱张运动，被湖南教育界推举为代表，赴京请愿。临行时在火车站对送行的王啸苏等人说：“义无反顾，势在必行，吾意决矣！”而这恰恰是与他的老师叶德辉背道而驰的。

辛亥革命过去100年了。紧接着的五四运动，民权的伸张也是主要诉求，这在当时已深深刻入杨树达的头脑。他在1944年11月5日日记中写道：“美国旧金山广播攻击中国政治腐败，各部长无一正人，而何应钦尤劣。美助军火，中国不用以抗倭，反准备内战。”最后，他没有说些如当时一些官僚常说的诸如“干涉内政”“说三道四”之类的话，而说“知是非之公固在也”。1946年7月中旬，清华中文系旧同事闻一多被刺，他又发出感慨：“报载闻一多见刺死，今日真乱世也！书生狂论，竟不能容，言论自由之谓何哉！”

中秋夜，我独坐在韩国外国语大学门外的江边，默诵张若虚的名句：“江天一色无纤尘，皎皎空中孤月轮。江畔何人初见月？江月何年初照人？人生代代无穷已，江月年年只相似……”此地为慕贤面的旺山里，看着一轮白盘高悬旺山之巅，江中波光潋滟，追慕先贤，不胜今夕何夕之感……

（载2011年10月11日《文汇报·笔会》）

杨树达先生的遗稿

一

在写这篇之前，我必须讲明，祖父主要著作中的绝大部分，在他老生前，都已经出版了。在他去世前的几年间，是他著作出版的一个高峰期。1954年以旧历算，共出书七种（包括再版）。去世几年后出版的，有《盐铁论要释》《积微居读书记》等。

我读过一些文章，包括网络和出版物，都说祖父著作的顺利出版，得益于最高当局的关照。不能说这一说法是错的，但不全面。因为这说法不能解释有些与最高当局更为密切的学者，何以他们的著作在当时出版没那么顺利呢？从我自幼从家人那儿了解的情况看，恐怕与苏联有关系。具体地说，就是与阿理克对祖父的推崇有关。阿理克，全名瓦西里·米哈伊洛维奇·阿列克谢耶夫，苏联科学院院士，是苏俄汉学界首屈一指的人物。长期主持苏联东方学研究所中国研究室，人称阿翰林。《积微翁回忆录》

1935年10月19日："清华同事蒋廷黻，新从欧洲返国，道过苏联。阿理克教授告蒋，谓读余所著书，极为仰佩，希望余以所著赠之。"于是，"与苏联阿理克教授书，以《古书疑义举例续补》《古书句读释例》（即《古书之句读》）《老子古义》《积微居文录》、近日学报论文单行本及《字义同缘于构造同例证》印本寄赠之。不久，得阿理克回信，谓'敝人素仰先生之研究法，敬慕不已。其中，《古书之句读》尤为可得而增敝见者也'"。这封信的原件我见过多次，字写得不好但工整，是用苏俄常见的稍用力笔头就会分叉使得笔画变宽的点水钢笔写的。我学俄语之初，老师特意要求买这种笔练习俄文书法，这样竖笔宽，横笔细，比较美观。1950年11月，应中苏友好协会之邀，祖父写有《我与阿理克君之文字因缘》一文。《积微翁回忆录》1952年6月4日："方叔章来，……言龙伯坚闻人言，苏联东方学院院长某君于余备极倾倒，每余一文出，必取而研究。龙、方意怂恿余往游，余殊无此壮志也。"每次苏联学者来访，都由省交际处负责接洽。来访的德柳幸君告诉祖父，苏联有许多人了解祖父，东方大学教授科洛特夫尤表佩服。祖父于是取书三份，赠柳君并请转交阿理克与科洛特夫。当时广播电台曾予报道。家人常说，因常有苏联学者来家拜访，为了不太显得寒碜，学校还搬来几座木沙发。"文革"中，我见家里有硬面精装，蒙着浅色麻布的《积微居小学述林》，问如何这样精美，家人说，这是要送到苏联去的。

上世纪40—50年代，苏联驻华与对华交涉的两位重要外交官，费德林与尤金，都是阿理克的学生。《积微翁回忆录》1941

年 11 月 10 日："苏联大使馆秘书费德林来书，求余所著书。自言专研中国文字语言，曾读余书云。"尤金则于 50 年代初在广州亲口对担任翻译的七伯杨德豫先生说，我是阿理克教授的学生，也读过令尊的著作。尤金与最高当局私交甚笃，常在一道讨论哲学。当年，我的家人便深信，祖父著作的集中出版，有着苏联因素。苏联学者的集中来访，多在 1950 年到 1952 年，而祖父著作的集中出版和再版，则在 1953 年到 1955 年，这难道是巧合吗？前几年，茅海建教授在北大带的一研究生小张，准备从学术史角度撰写有关杨树达先生的硕士论文。为此来找过我，我曾对她说过这点。

至于祖父没有出版的重要著作，只有《文字形义学》一种（指 1955 年写定本）。《积微翁回忆录·积微居诗文钞》也是上世纪 80 年代才出版。

但这并不意味着祖父没有出版的著作就不多。祖父一生勤于著述，白天晚上都在写作，从不休息，直到去世。弥留之际发出的呐喊也是"我还有好多事情没做完呢"。在即将出版的人文丛刊《湘水》第三辑大姑妈杨德娴所写《持短笔，照孤灯》一文中，对此有详细描述。

二

在《杨树达先生之后的杨家》中，我曾提到，祖父丧事刚一办完，就开家庭会议，议决将祖父的藏书——有好几万册，其中不乏善本——全部捐献给祖父最后供职的湖南师范学院。但祖父还有一些遗稿存留家中。这些遗稿后来到哪儿去了？

我的记忆，祖父的遗稿，存留在湘春中路36号安庄二楼楼梯口左侧的储藏室。该房间许多时候并未上锁，我就进去过好几次。1965年迁往学宫街后，便保管于堂屋西南角的一口大木箱内。因为“文革”中我翻过这个木箱，记得里头也有别的文件，如七伯小时候的日记，以及祖父的各种证件等。这些遗稿，有两个去向。一是大约1960年底或1961年初，被北京中国书店工作人员于铭收购。一是八伯父于2001年去世前，移交给湖南大学岳麓书院了。

我们先从大伯父杨伯峻先生1983年底致七伯父杨德豫先生的一封信说起：

七弟：

来信昨日收到，你身体已完全康复，极为欣慰。想七嫂亦安吉。徐提嘱代致意。

叔叔《文字形义学》无论四十年代石印本、五十年代手稿本我均未之见，盖未正式出版。当在四十年代，我在湘东，叔叔在湘西，无由得阅。五十年代中，我又来北京。五五年叔在舍小住数日，所谈甚多，而未及此稿。所云中国书店收购者为于铭，所持学者介绍信，不知谁所写。我因追问叔叔《说文口语疏证》，才知被囊括。由我提议，经当时中华书局总经理兼总编辑金灿然、文化部副部长齐燕铭查究，始知所以然。叔叔遗著散在外者我所见尚有《国语集解》藏民族学院图书馆，仅集钞前人成说（由钞手所抄），叔叔仅校阅一纸，未作定稿，故不能出版，亦无从整理。我已复制一份，交人参考。而《说文》诸书，谅被私人收买，若我辈尚在，谅不敢盗名出版也。至于《文字形义学》各本高下，自是后来居上。弟等亲临教诲，我自然同意你所说。最后定本恐难复得，第一方案可能渺茫。……北京所承担诸稿，俱已交稿，独湘人所承担者仍有未交者。湖南师院，亦不与我通消息，故我一无所闻。来信及文教资料一册已转五弟，并请其转六弟，且建议五弟以亲属代表身份，附我致五弟信（内容：[一]文字形义学依尊文所说酌定。[二]八五年为叔叔百岁诞辰，请上海古籍出版社从速出书；八五年能出齐最好，不然，先出一部分以为纪念），看包敬第同志如何考虑。近因两事致书包敬第，一为告他五弟为亲属代表，一为《积微翁回忆录》人名注解问题，俱久未得答，不知何故，因此我亦不欲再致信与他。包本来是出版社副总编，主编李俊民翁退休，上级另派一人任之，包未升任，亦不知其故。总之，上海情况，我们毫不了解，信去能否顺利达到目的，不敢必也。匆匆即问

近佳，并贺

年禧！

逢斌处，拟俟左传诸书重印出书后，我再购寄。并告中华、商务已拟抢先重印数种，上海古籍社应加快出版。

伯峻匆白　(1983) 十二月廿八日

这通信函主要谈两件事，一为60年代追查祖父散落遗稿事，一为80年代出版祖父文集事。“《文字形义学》各本高下，自是后来居上”“最后定本恐难复得，第一方案可能渺茫”云云，笔者将在介绍《文字形义学》如何整理出版的专文中予以介绍。信中“逢斌”即笔者。2000年前我的工作证和户口上的名字为“逢彬”，身份证上的则为“逢斌”，为免麻烦，后来改了。那么，第一件事“由我提议，经当时中华书局总经理兼总编辑金灿然、文化部副部长齐燕铭查究，始知所以然”的详情又如何呢？

我们先看七伯父杨德豫先生在《〈文字形义学〉概况》一文中怎么说的：

> 父亲逝世以后，1960年底或1961年初，北京中国书店的一个工作人员来到长沙家中，将包括该稿在内的若干书稿贱价购去。（当时家中只有母亲和一保姆，再无他人。母亲卧病在床，精神萎顿，因见来人持有两位学者的介绍信，遂予轻信。）中国书店后来又在北京以贱价将该稿售出。因书店售出时并未登记购买者的姓名单位，所以此稿不知流落何所，二十年来踪迹杳然。

再看杨伯峻先生1963年4月底寄给正在湖南洞庭湖边的南县大通湖农场改造的七伯父的信：

> 七弟：
>
> 前寄一信，计达。关于叔父遗稿事，中华书局已得各方面

（科学出版社、科学院图书馆、中国书店等）复信并证据，可作出结论。兹分项告你：

（一）辛田受科学出版社委派来长沙取遗稿，铁铮开有清单。科学出版社已将此清单送来，辛田并依清单将遗稿点交出版社。足见辛田并无舞弊之事。

（二）科学出版社曾将未出版之遗稿退还婶母，婶母并有收到的复信。足见科学出版社也无可指摘之处。

（三）中国书店曾派人至长沙收购书籍稿本，曾来婶母处收购。依中国书店所开具的购得叔父遗稿目录，不但科学院所退还给婶母的遗稿都在其中，且有叔父的日记、笔记及其他遗稿若干种，其数量超出于交于科学出版社者几一倍（仅据其目录而言）。《国语集解》与《国策集解》都在其中。（《中国文字学形义篇》亦在其中，但不知流落何所。因书店售出，未曾登记。）中国书店收得后，俱以贱价售出。除《国语集解》系由民族学院图书馆以四十元（或八十元）收得外，其余买主尚待调查。（其中叔父自叙等文、手批汉书等书，系由科学院图书馆收得。）

（四）中华书局负责某君对我说，若遇老遗族不把遗稿如此售出，许多当可整理出版。（如对死者著作仍继续支付稿酬，或者付以保管费，当不无补益。然今则难言之矣。）现在其遗族既不尊重其先人遗稿，而又指控别人，似难理解。其遗族既然把它们贱价卖出，以后似不便过问云云。某君还问我，杨老夫人是否毫无文化？科学出版社某君问徐提说，杨老夫人收到遗稿，却又来信责问我们，是否神经有毛病？此种种话，我们闻之，极为难受，然亦无可如何。

（五）我为此事，极力怂恿中华书局出面干涉，而结果如此，目前也甚为尴尬。若你们早把曾经出售书稿之事告我，我也会一并加以考虑，不肯盲目责备别人。而且科学出版社曾经退还书稿，何至长沙方面一点也记不起来？必要科学出版社提出证据，使我们哑口无言？

（六）目前唯一挽救办法，是调查许多遗稿流落何所，设法调借抄录，能整理者，找人整理。应出版者，仍设法出版。此是学术大事，中华书局可能为之。（然时间必然拖延很久。）你们有何意见，希告。即问

好！

伯峻　63.4.29.

辛田，在《积微翁回忆录》中有载："（在北京，1955年10月）二十九日。科出社辛田来谈《淮南》重印事，辛拟改《淮南》本文为大字，余亦赞同。辛对余颇恳切，余因与谈《文通刊误》《文字形义学》与《金文余说》事。辛之兄为刘麟生（有词学著述），'辛田'其革命化名，能举《论语》之文，颇有根柢，告余麟生佩服余云。"《中国文字学形义篇》即后来上海古籍出版社出版的《杨树达文集》中的《文字形义学》。不过，上海古籍出版的《文字形义学》并非1955年的写定本，而是1952年的写本的上半部。事情经过较为复杂，如上文所言，笔者将另外撰文详谈。当时七伯因右派问题而在洞庭湖边大通湖农场中学教书，心有余力不足，遂将杨伯峻先生来信转给和祖母住在一起的八伯

父杨德庆先生。八伯父回信云：

七哥：

五月廿二日信及前此几封信（以及寄到家里的信）都已看到。没有迅即作复，请原谅！

……

看到寿哥信，心里很难受。爹爹遗稿被贱价出卖（经手人是于铭），母亲固然有责任，在长沙的子女也有很大责任，我就有极大责任。这个教训我当终身记取。事后娘只说卖掉了一些书，矢口否认卖了稿子，虽然已经发现父亲大量日记失踪这个疑点，仍然轻信，没有向寿哥全面反映情况，也造成了一些不必要的麻烦，给北京今后的交涉增加了困难，目前只好照寿哥的第六项意见办了。为学术计，仍应采取积极的态度，怎样使它落实才好（如何调查？如何调借？由谁抄录……），希望你多考虑一下，我是说不上的。另一方面，事实真相既已清楚，家里还要做一些工作，事已至此，为生者计，还以小心、谨慎、细致一些为好。你最近给家里去信，可以暂时不提此事。

娘最近身体几乎完全康复，体重加了7—8斤，睡眠也好一些。精神饱满，从早到晚动个不停，不歇气。安装公司生产部门已经拆迁，变了宿舍，因此环境也安静多了（他们的电话机也拆掉了）。

……祝

好！

八弟　6.4.

我对当时情形略有印象。大致的情形，正如七伯父所说，1960 年底或 1961 年初时，祖母病卧在床。她出生于 1894 年圣诞节，当时已经 66 周岁。平日我在附近新湖南报社幼儿园全托，周六下午才接回。其他人白天上班，所以七伯所言“当时家中只有母亲和一保姆，再无他人”，是确实的。祖母病卧，当时家人都以为行将不起，必然头脑昏聩。于铭来时，祖母病卧于床。而于铭持有两位学者的介绍信，其中一位我依稀记得是马宗霍。马是祖母极为熟识的人。当时祖母住楼下西南间，我父母则住东南间，窗户朝向前花园。祖母即让人上楼去自己找。那人将遗稿装满两箩筐，雇工人挑下楼，然后拿出一摞清单，让祖母过目后签字。祖母草草看了看，便签了字。

难道是祖母穷疯了，卖遗稿换钱？我以为绝对不是。祖母一生，大大咧咧，对钱财毫无概念，有钱即花，花光了事。祖父在世时，是不让祖母掌管钱财的。七伯曾说，祖母有时钱不够花，就向在上海的银行做事收入颇丰的哥哥张家祺（迪人）要，哥哥也就几百几百地寄来。1943 年，哥哥得了一场病，当时日本人实行药品管制，张家祺得不到有效治疗，去世了。如果需要用钱，将这些遗稿出版，所得稿费，较之卖给中国书店的所得，不知要高出多少。我以为，一是病中头脑昏聩，二是见到熟识学者的介绍信，也不知当时于铭说了些什么，便将这些遗稿统统托付给他了。

最近有位旅居北美的女学者托她妹妹找到杨家致谢，说在 1960 年前后她考取北京的大学，却因经济拮据无法启程，其父母乃过江到杨宅找到杨老太太，杨老太太即拿出 200 元钱。那在当时，堪称“巨款”了。如不是这位学者的致谢，杨家便对此仍一无所知。

又表哥近日告我，曾在我出麻疹时在我家做过保姆的刘娭毑，1960 年时曾向祖母放高利贷，后逼还款甚急，祖母又不对人说。卖遗稿给于铭，不知是否与此有关？

当时经杨伯峻先生极力争取，祖父的一些遗著列入出版计划。而家人到二楼楼梯口储藏室找寻时，一些重要遗稿却不见了。家人询问祖母辛田受科学出版社委派来长沙取遗稿，科学出版社是否退还？祖母说不清楚。后来的中国书店于铭来收购遗稿，是否列有清单，祖母是否签字，也记忆模糊。因此，当杨伯峻先生问起时，家人以为科学出版社所借遗稿没有归还，中国书店于铭取收购手稿手续存在问题。杨伯峻先生据此在北京找到金灿然、齐燕铭（金是寿伯中华书局的领导；齐是祖父挚友吴承仕的学生，任教北平中国大学，祖父 30 年代应吴之邀兼职中国大学，与齐熟识）出面说话，开始追查手稿去向。最终的结果如上述信中所述，科学社既已归还，于铭处也有清单和签字。这样，杨伯峻先生着实尴尬，出面的领导也有所抱怨。1963 年 4 月的来信中，就有这些情绪的流露。

三

除了著作，祖父遗稿中的日记，恐怕是最为人所关注的了。

在叙及日记之前，我们先谈谈《积微居友朋书札》。我最近翻检七伯留给我的一些他与其他学者的往来书札，才知道整理出版祖父师友遗札，是由张舜徽先生最初提议的。详细情形，我们将在介绍《文字形义学》的专文中予以叙述。1984、85 年，我整理《积微居友朋书札》。当时，各通书札按什么顺序排列，是个问题。有人提出，按写信者的姓名音序排列，又有人提出按其姓名的笔画排列。七伯提出，同一作者的书札放在一起，按写信时间排列；作者次序的排列，以每一作者第一通书札的时间先后为准。这样，从头读起就有历史层次感。但这样排列也有困难，因为许多作者书札落款中只有月、日，没有年份。七伯又提出，祖父保留下来的这些书札，日记中都有记载，建议我到中国科学院善本书阅览室去查。这些日记，是于铭从祖母处购得后，中科院图书馆从中国书店购买的。这样，我就有幸与这些日记朝夕相处了半个月（两次，每次一周）。

祖父的日记，分为两部分。一部分是祖父 1920 年到北京一直到去世写的，一共 51 册。 部分是祖父 1905 年到 1911 年底在日本留学时写的，只有 4—5 册。前一部分不知何故，有两册没有被于铭购去，一册为第 46 册，是 1948 年 11 月初到 1949 年 9 月长沙解放前后的记载；一册为第 50 册，是 1952—1953 年高等院校“思想改造”即“洗澡”时期的记载，弥足珍贵。下面这封五伯德骧给七伯德豫的信就谈及了这两册（图九）：

七弟：

多时不通音信。数月前得悉你身体欠佳，离职疗养。不悉疗效如何？深盼早日康复，返回工作岗位。

寿哥从长沙回京，谈及父亲文集事。诗集部分由寿哥负责，从父亲多年的日记中摘录。此项工作由寿哥委托孙秉伟（我四女婿，66届老高中毕业生，教了十年书，77年考入北京师范学院中文系，今年年初毕业，留校）趁八月份暑期之暇，到中国科学院图书馆父亲日记中誊录完毕。唯日记缺两本，在长沙家中。寿哥商之于我，为使诗集完整，是否可商之诸弟妹，将该两本日记寄京，摘出其中诗文，保持诗集的完整性。

再，据小婿孙秉伟禀我，科学院图书馆对父亲日记极为珍视。每册外加塑料皮，每八册装入一精制小木盒，不是特殊介绍信，概不外借。图书馆同志也表示为缺少两本，深表遗憾。因此，我想到是否可商之诸弟妹，将该两本日记转让该馆。作价若干，双方共同协商，使父亲部分手稿（日记也是父亲手稿的一部分）得以完整地保存下来。我们后辈也可稍慰先父在天之灵。不悉弟妹们意下如何？我郑重声明，也代表六弟郑重声明（六弟六月份因公来京，我们曾议论过）：图书馆作价若干，我们一文不受，留给弟妹们生活困难者。具体分配方案，由弟妹们协商决定，我们不置一喙。

我近来身体尚可，每日仍半班，但工作忙，下午除可安静地午睡一小时以外，其余时间基本仍从公。

你已是五十开外之人，多年苦难，身心备受摧残。今日罹疾，非一日之寒所致。盼诸多珍摄，早告痊愈。

九弟调长沙，不知调成否？念念！

诸弟妹处不另，望及时请代致意！

即祝

早日康复！

五哥德骧

八二.八.卅一.

笔者的五伯杨德骧，是杨树达先生次子，抗战前考入清华大学，1939年毕业于西南联大。他是我国著名水泥专家，当时任国家建材局规划院副总工程师。当过多年“右派”。写完这封信两年多后，于1984年12月底去世，终年68岁。信中说“工作忙，下午除可安静地午睡一小时以外，其余时间基本仍从公”，国家建材局印制的《杨德骧同志生平》说：“带病坚持工作，就在逝世当天还出席研究‘七五’计划的会议，工作到了生命的最后一息。”他是刚从深圳出差回来发病的。有次我父亲到北京看他，75岁的规划院总工程师指着67岁的五伯说，他是我的接班人。可见经过十年浩劫，人才断层有多严重。许多高龄老者还超负荷工作着。

七伯收此信后，次年长沙诸长辈才得以聚集一堂，讨论两册日记是否交给中科院图书馆，我也参加。大家一致同意，不要钱，捐献出去。此时，我冒昧地插嘴说：最好让他们复印一份，给我们留底。长辈们说，逢彬的意见很好，就请他们复印这两册，但不作为先决条件。我又说，我指的不仅仅是这两册，而是所有 51 册和留日日记。对此，长辈们不同意，说这有“交换之嫌”。我至今认为，我的想法是有道理的，后面发生的事情将证明其正确性。

中科院图书馆很快回信了，信中热情洋溢地表彰杨家，也完全同意在收到两册日记后，将精心复制副本寄来。副本很快寄来了，复印得非常清楚，用深蓝色厚毛边纸作封面，线装，相当精美。可惜的是，后来廖海廷先生借去阅读，其中一册封面不慎弄坏了。在 1984 年 4 期的《图书情报工作》杂志，有一篇署名“余单”的短文《著名学者杨树达先生〈积微居日记〉已成全帙》，文中说：“经与杨氏亲属商谈后，欣然于 1983 年 12 月捐赠中国科学院图书馆。”

这两册日记，曾长期存于家中，我当然认真读过，存于中科院图书馆的 49 册，也翻阅过半个月。这些日记用的是毛边纸，大小约为 16 开本的书，每册厚薄不一，在 1.5—2.5 公分之间。竖行毛笔书写。日记还用了例如阏逢摄提格、旃蒙单阏的太岁纪年法。留日日记，写于 1905—1911 年祖父留学日本期间，用的新式笔记本，比 32 开本略小，厚约 2.5 公分。这种笔记本类似以前年代流行的知识介绍笔记本，地脚留得较多，用来介绍世界各国风土人情，本土及殖民地等。虽是日文，但我能看出个梗概。日记是英汉对照，左边页中文，毛笔竖行书写，右边页英文，钢笔书写，花体，书法特别漂亮。但该日记由于年代近百年，且由于用现代工艺制作纸张时用了大量的氯，纸张已经发脆，翻阅时稍不注意，即成碎片；碎片用手指一捏，即成粉末。这几册再不出版，待成齑粉，也就晚了！

30年过去了，黄侃日记出版了，顾颉刚日记出版了，朱自清日记出版了，这都是与祖父很熟的人。杨树达先生的日记却迟迟未能出版，这不能不说与日记躺在中科院图书馆睡大觉有关。有人说，《积微翁回忆录》已经出了两个版本，没有必要再出《积微居日记》了。这说法有一定道理，但不全面。且不说两者篇幅相差巨大，即以《回忆录》是否选取了《日记》的全部精华来说，《回忆录》始撰于1951年初，到1956年初杨树达先生去世时写到1953年6月底（后面约两年半的由孙秉伟依据原体例增补），其间经历了1952年高校思想改造运动，人人“洗澡”过关，那么，在撰写回忆录时，能照录《日记》中的精华吗？我曾经在北大版《回忆录》后摘录了若干第46册、第50册《日记》有而《回忆录》无的片段，从网上的反映看，这些片段是有价值的。而且，《回忆录》出版时，删掉了许多极有史料价值但当时比较敏感的部分，这些都在日记中完好保存着。当时上海古籍出版社为了表示慎重，将拟删部分写成一个文件，如其中一段：“P405 L12 毛主席告王季范言，曾告金日成，嘱其缓动。金年少急进，不之信。毛评新文字云：‘斩断历史，制造文盲’。”又，我手头有社科院近代史所白吉庵摘录的《积微居日记》（从1920年8月摘到1922年12月底，刊于《文献》1985年3期、1987

年 2 期），将其与同一时期《积微翁回忆录》文字作对比，则发现白吉庵所摘虽然仅是“节录”，也较之《回忆录》文字详尽若干倍且有趣许多。例如，记祖父与祖母结婚事，《回忆录》仅记载：“程叔文为余媒同县张家祓女士为继室”“六月四日，行婚礼于聚贤堂。伯兄先期来京主婚。洪儿偕至”两条，白吉庵所节录的则有 7 条，其中一条颇有趣：“（李）劭青并告余前晚张训钦君到沈伯巽家，问女士意旨，女士初不肯相见，继为人曳出。张君问其对于与余婚事意见云何，女士初不肯置答，张君再三问，乃云：‘爹爹！你只说旁人的学问好，你看我，学问是这样的，恐怕于你老的面子上不好啊！’张君便说：‘人说我的儿子没有学问，那倒是真的，至若小姐，是很有学问的，那我可以放心啊。’女士始飘然而去云。”

为什么《积微居日记》迟迟未能出版呢？是没有出版社感兴趣吗？非也！对此感兴趣有意出版不下十余家出版社。最终没有成功的原因，是不能得到中国科学院图书馆的同意。以前，若出版社复印日记（包括 1920 年开始撰写的 51 册日记和 5—6 册留日日记），会对日记造成损害，但如今已可使用数码照相技术，不致对其造成大的伤害。而且，如上文所言，越不及早整理出版，放置时间越长，损害越大。

例如湖南的岳麓书社想出版《积微居日记》，为此，我通过我所认识的湖北大学文学院舒怀教授——他是中科院图书馆善本室主任某君的同窗——与某君见了一面。某君介绍，如出版社有意出版，他没有提供《积微居日记》的权力；必须由该出版社所在省市自治区党委宣传部出具给中科院图书馆的公函，再由馆方责成善本室提供给出版社。当然，要想出版这么一部大部头，经费是少不了的。另外，日记虽然是用较为规范的行书书写，但由于是文言，且使用大量学术术语，又没有标点，尤其是其中有大量甲金文和篆文，整理还是有一定难度的。因此，有些出版社希望不加整理，照相出版。不过，这样出版经费就要增加不少了。

上海一家挂靠于某大学出版社的工作室，主持人是笔者一位朋友，考虑到第46、50两册恰恰写于新中国成立前后和思想改造时期，想要先整理这两册出版。笔者为此将保留于长沙家中的该两册复印本再复印一份提供他们，大约是未找到专人整理，三四年过去了，也没见出版（大约是有此能力者，不屑于干这吃力不讨好的活；而愿意干的，又无此能力吧）。我写此文时临时想到，何不借寒假返湘省亲之机，用笔记本电脑将这两册誊录下来呢？下一寒假就试试看吧。出版了这两册，有了一定的影响，大约能促成整个《积微居日记》早日出版。

至于藏于家中的其他手稿，在长期与祖母仵一道的八伯父去世之前，已经移交湖南大学岳麓书院。对于这些手稿中有些什么，七伯十分关心。有年暑假，我从武汉回长沙，他便写了一封信，让我面交岳麓书院前院长杨慎初先生，请他与现任院长朱汉民交涉，让我看看那些手稿，再向七伯汇报。我到杨先生家，他便给朱电话，朱答应我到岳麓书院见面。见面后，朱说，那些手稿还没有整理，你过一段时间再来吧。到了寒假，我又去找朱，他还说没有整理完。我又不可能老是待在长沙。如此三番五次，我明白他是不想让我看，也就不去找了。直至七伯 2013 年初去世，我也没完成他老交给我的任务。

（载 2014 年 8 月 17 日《东方早报·上海书评》，并载当日《澎湃新闻网》）

杨树达先生的《文字形义学》

《文字形义学》，是《杨树达文集》中的一种，但只有上半部，且不是最后定稿。先看《杨树达文集》的缘起。约在1980年，湖南师院中文系老教师高扬，想要编辑出版《杨树达文集》，并与出版社接洽。单位有人认为由高牵头似乎不妥。当时“文革”甫告结束，出版著名学者的文集尚被视为大事。有人以为高先生既不是杨树达先生的亲属或学生，本人又是从事文艺理论研究的，与杨先生的研究似乎不挨边。大家咸以为由杨伯峻先生任主编，由湖南师院中文系古汉语教授周秉钧先生任副主编较为适当。周先生跟杨树达先生很熟识，后者给周先生《尚书易解》写过序言。编委则既包括杨树达先生的学生，如何泽翰（湖南师院中文系）、易祖洛、王显、郭晋稀、廖海廷，也包括湖南师院的林增平、高扬、崔文耀，还包括王显先生所邀他的中国社科院语言所同事孙德宣、管燮初。至于包敬第先生，他既是《文集》出版方上海古籍出版社副社长，也是祖父二三十年代北京思辨社老友尹炎武（石公）的女婿。

关于《文字形义学》，七伯杨德豫先生《文字形义学概况》有详细介绍：

> 《文字形义学》……从一方面来说，不仅倾注了父亲“前后十余年”的心血，实际上也概括了他几十年间研究文字学、古文字学（甲骨文、金文）、训诂学、音韵学的成果，概括了他的《小学金石论丛》《小学述林》《甲文说》《金文说》诸书的精华，是他几十年心血的结晶和积累。从另一方面来说，这本书实际上也总结了自从许慎以来，经过大小徐、段玉裁直到章炳麟、王国维诸家对汉字的研究成果，是两千年来为数众多的文字学家的心血的共同结晶。在此基础上，又由父亲运用近代科学知识，深思密察，去粗取精，加以总结和提高，使之条理化和系统化。这样，才使此书卓然自成体系，如大树之枝叶扶疏、浓荫匝地，如沧海之汪洋浩瀚、气象万千，而成为中国文字学这一领域集大成的里程碑式的经典性著作。
>
> ……
>
> 《文字形义学》在成书过程中，“前后十余年”，多次修改增补，两次石印，因此有以下四种不同的本子：
>
> （甲）1940年湖南大学石印讲义《中国文字学概要》。
>
> （乙）1943年湖南大学石印讲义《中国文字学概要》。
>
> （丙）1952年改定手写本《文字形义学》（写定的时间为1952年2月）。这个本子是父亲亲自缮写的，但只存前半部。……现在

暂称之为“前半部”（也可称之为“上册”）。这个本子的后半部（或下册）已经遗失，下落不明。

（丁）1955年写定本《文字形义学》。这是父亲生前的最后定本。父亲于1955年将此稿寄给科学出版社，请求审查出版。后来，出版社认为出版有困难，将该稿寄还父亲。父亲逝世以后，1960年底或1961年初，北京中国书店的一个工作人员来到长沙家中，将包括该稿在内的若干书稿贱价购去。（当时家中只有母亲和一保姆，再无他人。母亲卧病在床，精神萎顿，因见来人持有两位学者的介绍信，遂予轻信）中国书店后来又在北京以贱价将该稿售出。因书店售出时并未登记购买者的姓名单位，所以此稿不知流落何所，二十年来踪迹杳然。

把目前可以看到的1940年石印本、1943年石印本、1952年手写本（前半部）对照比较一下，就可以看出：此书每一次易稿，父亲都作了较大幅度的修改和增补。需要着重指出的是：与两种石印本比较起来，1952年手写本是一次质的飞跃。不但修改幅度很大，舍弃了许多旧说而代以新说，而且类别的划分也作了很大的调整，增设了不少新的门类，把许多原来分类不当的字重新归口，细类也分得更细、更严密。石印本是发给学生的讲义，所以解说十分简略（父亲可以在讲堂上详加讲解），而1952年手写本已是准备出版的著作，父亲为便于读者理解，增补了较多的解说。总之，与两种石印本比较起来，1952年手写本已是一副崭新的面目，代表着《文字形义学》一书的成熟阶段。1955年的最后定本，就是在1952年手写本的基础上进一步改订而成的。

目前，1955年最后定本尚未找到，而1952年手写本则是最接近于1955年定本的本子，因此，它就是目前所能见到的最好的本子。可惜它仅存前半部，后半部业已遗失。

不幸中的幸事是：家中还存有两份极其珍贵的材料，其一是《文字形义学目录》，其二是《文字形义学字目》，都是父亲生前亲手写定的。《目录》是细目，从篇、章、节直到最细的细类，全部列举无遗。《字目》则是《目录》的进一步具体化，把每一细类之下收有哪些字都一一列出。（例如：在《会意·名字为主之会意·集名会意·二名相对·轻重相等者》这一细类之下共收有十六个字，《字目》就把这十六个字一一列出。）拿《目录》《字目》与两种石印本、1952年手写本对照比较，就不难发现，它们与两种石印本大不相同，而与1952年手写本基本一致。它们与1952年手写本之间也有为数不多的歧异，经过仔细校核，可以大体上断定：《目录》与《字目》写定的时间，略早于1952年手写本写定的时间，而《字目》又略早于《目录》。

说这两份材料"极其珍贵"，是因为：1952年手写本后半部业已遗失，现在所能见到的此书后半部，1943年石印本便是最后的本子；如果没有这两份材料，1943年以后父亲对后半部是怎样进行大幅度修改的，便根本无从得知了。现在有了这两份材料（它们写定的时间与1952年手写本相距很近），于是，父亲在1943年至1952年之间对后半部所作的修改便历历可见，1952年手写本已遗失的后半部的庐山真面目也跃跃欲出了。

“此稿不知流落何所，二十年来踪迹杳然”的详情，我在《杨树达先生的遗稿》中已有叙述。《文字形义学概况》，先是刊登在南京师院内部刊物《文教资料简报》1983年4期上。七伯希望扩大影响，使得《文字形义学》或许能被追回。下面这封信反映了这一想法：

寿哥、五哥、六哥台鉴：

我曾将《文教资料》分寄父亲《文集》的几位编委（包敬第处未寄）以及父亲的几位朋友、后辈和学生，征询他们的意见。截至目前为止，已收到八封回信。我认为，这八位同志对《文字学》整理出版方案问题所提的意见都是很值得重视的。有些来信（例如谭佛雏先生来信）也是很感人的。现一并寄上，请您们过目。（八位同志处，我都已回信。）

我曾托王显同志将《文字形义学目录》和《文字形义学一书概况》二文推荐给《中国语文》杂志，又曾托陈原同志（商务印书馆总编辑，也是语言学家）向曾彦修同志推荐，建议在《新华文摘》上予以转载。从陈、王回信来看，这两个刊物发表此二文的可能性似乎不大。

张舜徽先生来信，再次提出父亲所藏友朋书札问题。我已经给张先生回信，说我准备把他的来信转给您们三位，看您们三位的意见如何，以您们三位的意见为准。

这八封信，敬请寿哥阅后转给五哥，再请五哥转给六哥。六哥阅后，望寄还给我，我打算送请周秉钧先生过目，供他参考。

敬祝

春节阖府安乐！

七弟德豫敬上

（1984）一月二十五日

寿哥，即杨伯峻先生。五哥，指在国家建材局规划院任副总工程师的我的二伯父杨德骧（大排行行五，以杨伯峻先生为大哥）。六哥，指当时在沈阳北陵机械厂（造飞机和双喜牌压力锅）任党委书记的我的三伯父杨文玄（德鑫）。杨伯峻先生回信（图十）：

七弟：

由五弟转来之意见信，与我意完全相同，我亦已如尊意处理，且正草拟一《整理后记》，乃针对上海古籍社某些人而发。今寄上一份，请仔细斟酌见复。由你删改，我便直寄沪社，请其将回忆录即日付排，争取速出，想购阅者必不少也。

正值灯节，窗外时闻花炮声，我则伏案作书。祝

身体加健，阖第安吉，工作顺遂！

伯峻．甲子（1984）元夜

所谓“针对上海古籍社某些人而发”，在《整理后记》中却

说得比较委婉："读此《回忆录》，不惟知积微翁治学过程与方法，亦可知其人之爽直。如解放后之自我批评，于己之缺失，记录无隐。对古今人物，固有景仰，亦有微言。无论是否完全恰如其分，但皆为肺腑之言。其斥为'妄人'者，则未尝书其名氏。亦犹李慈铭《越缦堂日记》之于赵之谦，细心人不难踪迹其人。学界是非，古今多有。明朝归有光与王世贞互相指责，亦是一例。然而归王、李赵，各有千秋。是非留待后人评定，不必为贤者讳。且为儒林留佳话，亦可以使后学者见各人之长短。"当时上海古籍出版社总编室有一征求意见的文件，拟将回忆录中许多"敏感"处删去。杨伯峻先生以为不妥。最后只删去毛泽东对金日成的批评以及毛批评"新文字""斩断历史，制造文盲"等少许几处。对此，我在《杨树达先生的遗稿》中也有叙及。当时，这部书最终以什么形式出版，存在四种意见。第一，设法找回 1955 年写定本，再予以出版。第二，依据 1952 年本子上半部，依据《文字形义学目录》和《文字形义学字目》，找一位学者将 1952 年本子下半部补写出来。第三，仅出版 1943 年湖大石印本《中国文字学概要》。第四，以 1952 年本子上半部为主，附以 1943 年石印本以及《文字形义学目录》《文字形义学字目》。围绕着四种方案，上述"八封回信"，以及周秉钧先生都提出了自己的看法。

七伯将八封来信订成一册，现将其按照七伯的装订次序择要照录如下。"照录"意谓除有些竖行书写录为横行，繁体改简体外，其余都依照原书信格式。

陈原先生来信：

德豫同志：

一月七日手教收悉，迟复了。

读了《文教资料》中的大文，感慨良多，真是太可惜了！也许将成为一件永远不能弥补的憾事。十年浩劫，也许手稿已不复存在，残篇能出，亦是好事。我以为出版时以残篇为主，附以43年或是最近一次整本，也许好些。送《新华文摘》的信当转去，但我看未必如愿。

我是1954年春奉命去中南各省访问学者的。在杨老处相谈甚欢，但56年以后我调了工作，遂不复过问此事——"科学"不印，实是憾事。不过照当时的情况，也是无法可办的事。

我以为你还可撰文，叙杨老兼及此书，送交杂志发表——希望有人能知手稿下落，通风报信，那就太好了！

匆复，敬礼！

你是否在人民出版社工作？

陈原

一月十六日

《新华文摘》最终还是全文转载了《文字形义学概况》。1954年11月4日《积微翁回忆录》：

京人民出版社陈原（副总编辑）、湖南人民出版社黄华（副社长）及一舒君、张若南女士来，意欲了解各处研究情况，以马列、历史、语文为主，并询及文史馆情况。余以王启湘有著述，及周四维君长于明史告之。

谭佛维先生来信：

德豫师弟：

你的信及《文教资料》一册，均收到了。我一气读完了纪念遇师专栏的十篇文字，回首四十年师生恩谊，不觉感愧交并。犹记1979年返湘，过长沙，拜谒师母，在遇师遗像前低徊良久，获晤德娴、德纯、德庆姊弟。浩劫之余，恍若梦寐。嗣后师母亦下世，德庆弟云来扬州，至今未见，时深在念。

遇师《文字形义学》一书，蹉跎至今，尚未正式刊行，不仅及门弟子，海内外学人殆无不在翘首企盼之中。1943年石印本是作为讲义发给我们的。当时我是民三五级学生（二年级），遇师命我缮写，我的字很稚拙，远远赶不上王显兄，遇师还是让我担任了这一光荣任务。我在学生宿舍内，时正夏天，一面挥汗，一面缮写。我很怕粗心写错，有点兢兢业业。后来也仍得到遇师的肯定。此本虽然存在，亦殊不易。此后1952年改定手写本、1955年写定本，我毕业离校已久，就都没见过了。如今手写本只存上半部，写定本又辗转丢失，人间宝物，往往为鬼神所忌，其幸然邪？

你文中谈到的整理出版的四种方案：第一种处于渺茫状态，万一有望而不可必；第三种掩盖了遇师后十二年所倾注的巨量心血，自不合理；第四种可以出得快些，惟前后不相联属，终是一大缺憾。我仍比较倾向第二种，难度虽大，似非绝对不可克服。

问题在整理者要对遇师全部遗著烂熟于胸，简练揣摩，心知其意，根据原定细目，逐一细细推勘，加以合理的推想。解释的补充部分加上整理者的按语，举例尽量选用石印本及其他有关遗著，务期基本符合遇师原意。这样苦心孤诣数年，或可望恢复原貌到一定程度。惜乎铁铮兄不幸早殁！目前恐只有伯峻先生、王显兄与贤师弟等能胜此重任。这一工作总是要做的，人们总不会全然满意第四方案的。而且我们这一辈亲炙大师的人过去，后人恐怕更加难乎为继了。我还想，不妨先照第四方案出书，读者群中倘有一二杰出之士，欣慕遇师遗业，出而参与承担此项整理工作，亦当尽力吸收，使中国文字学的这一开山著作，尽可能保持其原貌，与天下后世共见，何幸如之！

我毕业后，只在南京接到遇师一信（此信在“破四旧”中已成劫灰），信中提到李之诚（女）同学结婚事。之诚颖慧，颇为遇师赏识，不知现在何所？这些年专业是否丢掉？整理遗著，之诚亦其选也。德庆师弟是否仍住学宫街，闻其退休在家，其近况若何？盼他来信。祇候

春绥

佛雏

1984.1.8.

最终，上海古籍出版社在上世纪80年代所出的《中国文字学概要·文字形义学》，即用的1943年石印本全稿，以及1952年手写本上半部，并将《字目》作为附录（但未附《目录》，大概

以为《字目》涵盖了《目录》吧)。这似乎接近第四方案，实际上是按照下面所录王显先生信中所提方案实行的，也即“第四方案的倒转”。这也接近周秉钧先生的想法（见下文)。王先生信中所提“标目字如春夏秋冬、乾坤、天地、智仁勇、真善美之类，都宜换作一、二、三，(一)(二)(三)，甲、乙、丙，子、丑、寅之类”，也在上古社的本子中实现了。而1981年暑假我所誊录的（下文将提及)，正是“春夏秋冬、乾坤、天地、智仁勇、真善美之类”。但必须指明，《字目》不能代替《目录》。七伯所说“《目录》是细目，从篇、章、节直到最细的细类，全部列举无遗。《字目》则是《目录》的进一步具体化，把每一细类之下收有哪些字都一一列出”，在两者的前面部分的确如此，是《字目》涵盖《目录》。而两者的后面部分，则或此繁而彼简，或此简而彼繁，互有参差。因此，保存在我这的七伯手抄《目录》(托王显先生转《中国语文》者，未能刊出，见下文)，将来或许还是有用的。谭先生信中提及的“铁铮兄”，是我的二姑父周铁铮，1957年未能幸免，惨死于1978年初，我在《杨树达先生之后的杨家》有过简介的。他是祖父的高足，并作为接班人培养，如果健在，当然是整理《文字形义学》的不二人选。

王显先生来信：

德豫同志：

新年好！

来信及附件，已于大前天收到。

《文教资料简报》八三年第四期既然发表了拙作，照理应有赠送本，可是迄今我尚未接到。承指出误字倒文三四处，是正确的。不是原稿有误，而是编者失校。大概因为是个内部刊物，所以编者也就敷衍过去了。

《中国语文》的实际负责人这几天都没去所，你的信稿还没能转去。这事一点也不麻烦，只是恐难保证刊出。从前我在《中国语文》担任编辑时，代总编辑林汉达（他本是副总编，罗常培师生病，所以代行总编事）交下一篇发表过的旧稿，就被我据理拒绝了。即使这位负责人拘于情面，想要刊用；如果碰上了坚持原则的编辑，他也无可奈何。语言所历来不把文字作为研究的对象，除个别人在业余时间搞一搞外，始终没有研究文字的专人。因此，在研究计划中，也始终没有列出过文字方面的研究项目。据个人的观察，搞文字的也都趋向于研究金文和甲文，很少还有留意篆文的。乾嘉时代的家家许、郑，已经一去不复返了。在这种条件之下，在这种气氛之中，大作的刊出似乎很不容易。当然，上面说的都是个人的考虑，未必就成为事实。我也只愿这些考虑成为多余。

关于《文字形义学》的出版问题，当然是第一方案最合理，其次是第二方案。实施第二方案，书名当改为“文字形义学形篇”，并由整理者说明从第五章第一节第二小类名动会意之后，是在43年石印本的基础上，根据《目录》和《字目》作了调整修改而补出来的。第三方案不理想，但如出版部门同意，附上52年的手写本以及《目录》和《字目》（删去手写本中已有的部分），也未为不可。这实际上是第四方案的倒转。照这个修改过的第三方案，书名只宜叫“中国文字学概要”。照第四方案，书名似宜与第二方案相同。无论哪个方案，目录中的标目字如春夏秋冬、乾坤、天地、智仁勇、真善美之类，都宜换作一、二、三，㈠㈡㈢，甲、乙、丙，子、丑、寅之类，由整理者通盘来考虑。这样更改，一点也不损伤先师著作的质量和精神。如果先师健在，辱承下问的话，我也会建议作这种改动的。究竟如何整理出版，主要取决于出版机构、你们兄弟和整理者的协商一致。

以上的意见虽不成熟，毕竟不失为参考的地方。凡与先师有关系的人，不管识与不识，你都能去信征询，当能得到更多的宝贵意见。

长期以来，上班制度松弛，最近几个月在大力整顿。我因有职在身，不能不以身作则。令弟德庆同志来时，正在整顿的火头上，所以招待很不周到。他仅在抵京的当晚，住了一宿，以后再没照面，可能是生气了。请转致歉意。

令姊德娴同志得到清职，为之欣慰。也劳致意，不另问候了。

再次祝新年愉快！

王显

84年元月一日

此时，王先生住在复兴门外社科院斜对面的小区。他的夫人任建纯（也是祖父学生，并得到陆志韦先生指导）已去世多年，两个女儿已长成离家。王先生茕茕一人，又醉心工作，经常下面条对付一餐，1994年竟因感冒去世！我1985年两次到北京中科院图书馆善本室查阅祖父日记，都是王先生接洽并带我去的，还在他家住了两晚。随函附寄请王显先生转交的信：

《中国语文》编辑部：

兹寄上拙文《文字形义学一书概况》以及《杨树达著〈文字形义学〉目录》，是否可以在贵刊发表，请予以审查。

这两篇均已在南京师范学院编印的《文教资料简报》1983年第4期（总第136期）发表。《文字形义学目录》在该刊发表时，排版格式颇为混乱，眉目不清，层次不明，所以我重新誊抄了一遍。

《文教资料简报》是内部刊物，并不对外公开发行。因此，该刊发表过了，贵刊再予以发表，似乎并无不可。如果为了慎重起见，贵刊发表时，在文章末尾注明“转载《文教资料简报》1983年第4期”，那自然也无不可。

《文教资料简报》已经给我稿酬。因此，贵刊不需再付稿酬。

我之所以希望贵刊发表这两篇文稿，有以下三点理由：（一）先父遗著《文字形义学》是一部极其重要的著作，在中国文字学这一领域内，也许是许慎《说文解字》以后两千年来最重要的一部著作。其价值远远超过段玉裁的《说文解字注》。而由于拙文中所述的种种原因，此书迄今尚未公开出版，以致国内外语言文字学界广大人士迄今对此书一无所知。我们认为：应该让语言学界的广大同志知道有这样一本书，了解这本书的主要内容和基本情况。（二）如拙文所述，此书的1955年最后定本以及1952年手写本的后半部已经遗失，亟待搜寻查访。为此，也需要借贵刊一角篇幅，呼吁语言文字学界的广大同志关心此事，群策群力，协助搜寻查访。《文教资料简报》系内部刊物，发行面不广，影响较小。拙文和《目录》倘能在贵刊发表，在这方面可望起到较大的作用。（三）如拙文所述，有关这本书的整理出版问题，目前存在着明显的分歧意见。我们认为，应该把这些分歧意见公之于文学界广大同志，请广大同志来判断是非，发表意见。其目的在求这本书的整理出版工作能够确保高质量而不是低质量，能够达到高标准而不是低标准。

以上意见仅供你们参考。

此致

敬礼！

湖南人民出版社　杨德豫

1983年12月22日

郭晋稀先生来信（竖行）（图十一）：

德豫弟：

收诵手书及文教资料已数日。先是张芷同志本有信来索稿，后因回湖南、去青岛及避暑山庄，回兰州后，又得各地友好噩耗，并长姊弃世消息，情绪极为不宁，故未能撰稿阐扬　先师教泽，深感内疚。

读大著后，考虑弥日，以为整理《文字形义学》一书，颇费踌躇。此间行箧中本有40年前印《文字学概要》讲义，十年浩劫中已经丧失。文字之学已生疏数十年，虽昔年所学，犹依稀仿佛，但讲义内容已不能尽记忆矣。

整理遗稿，自以能用著者定稿为底本最好；整理《文字形义学》自以第一方案为最佳。但是52年、55年遗稿都已丧失，要找回原物，又渺无时日，所以第一方案却无法实现。窃以为在未能找回丧失遗稿之前，只好用下述两种办法：

最好的办法是严格的照第二方案整理。如此整理，整理者必须有坚实的文字训诂根底，又须有把此书整理好的毅力和决心，投入两三年的精力和时间，是可以做到基本上不违背著者的原意，得到较好的成果。编委会诸人年事已高，精力已衰，恐不能担任。此必须在湖南师院教师中物色人手，望吾 弟与秉钧先生商酌为之。

最简便的办法是：将四三年《文字学概要》详加校点，在书前撰一长篇前言说明原委。我想目前承担此任务者是乐于采用的，也容易做好的。

国务院退休文件已下达，本想退休回湖南。如果回湖南，为了报答 先师教育之恩，可以于整理遗著再尽些绵薄之力。然此间迟迟不肯执行文件退休条例，能否在一两年内回湖南尚难预料也。

此间已严寒，想湖南已冰雪载途矣。望□

珍摄。敬问

令姊弟及

阖府 康泰！

晋稀手上

正月七日

张清常先生来信：

德豫兄：

大示奉悉。谢谢你惠寄《文教资料》。我自己理应得到一份，可能南京师院办事人忘了或者寄到南开大学去了，至今未见。

读了《文教资料》，感慨良多。老师的道德文章世所钦仰，而《文字形义学》1955 年写定本竟遭到令人痛心的际遇，可叹可叹！

我支持你的第四方案。我认为这个方案除了你列举的理由颇有说服力之外，还有一个好处，即：刊布了《文字形义学目录》《文字形义学字目》之后，或许能促使收藏 1955 年写定本的人把它拿出来。

我以为书名仍以“文字形义学”为好。著述取其精到，义篇较短，不足为虑。何况整理先人著作，而原著的遭遇又如此不幸，仍存“文字形义学”名称，亦以见老师精进不息的心意。

不知老兄以为如何？

匆此即请

撰安！

张清常 1984 年 1 月 18 日

廖海廷先生来信：

德豫先生道席：

来书及大作展诵数过，藉悉种切。《文字形义学》整理，以第四方案为佳，仍命名“文字形义学”可也。首列目录、字目，前半部刻一九五二年手稿本。《形篇五章一节》以下，有目无书，注明阙佚，而以1943年石印本补之。整理人必将此书价值、版本存佚作详细叙述，列之简耑。至于“义篇第三章训诂四宗”，虽然无书，而《小学述林》中已论及，整理人亦应提醒。如此则令先君述作精神大体可见而传之无穷矣。书此奉复，问

著安！不宣。

廖海廷顿首

癸亥年十二月廿七日

张舜徽先生来信（图十二）：

德豫同志：

得十二月二十四日　手书及《文教资料》一册，知拳拳以刊布　先人遗著为念，极佩　孝思之笃！尊大人为一代通儒，海内外学人素所钦佩，片纸只字，皆应刊布，往尝为伯峻兄再三言之。况《文字形义学》一书，为一生精心结撰，尤宜及早整理出版。从　大文中所拟四种方案，具见用心至细。我因未见原物，不敢遥测其孰为适宜，望与　伯峻兄详商定之。

尊大人健在时，所藏友朋来信甚多，鄙意欲从尊处迻录副本，辑成《积微居友朋书札》，刊于《中国文献学研究集刊》，以公诸世，亦所以宣赞盛美。倘承　见许，即烦督钞胥录副见寄（抄写费将按字数付）。我已移居校园，而　来信仍寄旧址，稽迟至今，

始由旧邻转来。以后请寄华师历史系收交。专复，即贺　新禧！

张舜徽

元月四日

张先生提议“辑成《积微居友朋书札》，刊于《中国文献学研究集刊》，以公诸世”，最后却由我整理，以专书形式出版。个中缘由是，钟叔河先生得知张先生有此想法后，便提议将这些书札整理为专书出版，并争取参加1985年上半年的香港书展。此事先委之以湖南师大中文系的一位教师，但良久未能展开；又委之以一位老编辑，又积压了一段时间。两位咸以为书札既无标点，文字又潦草，且经水渍虫蛀，多有缺漏，短时恐不能完成。最后钟先生提议由我来做。后来由于要确定每封信的年份，需要到北京科学院图书馆查阅祖父日记，迁延时日，没赶上书展。既如此，便精益求精慢慢做。又经七伯精心校勘数过，才在1986年出版（图十四）。

管燮初先生来信只说“获益良多”“没有别的意见”，便不再抄录了。

我这里还有周秉钧先生的两封信，也是谈《文字形义学》整理出版问题的；信封上七伯写着：“周秉钧先生遗墨，95年2月记”。下面是第一封（图十三）：

德豫同志：

承寄《文教资料》，谢谢。大文叙述遇老《中国文字学概要》的版本和出版方案很详细，对如何出版好此书，有很好的参考价值。

您赞成第四方案。此方案诚如您所说还存在问题。况且前半采用 1952 年手稿，而此稿只写到“名动会意”，其余部分如用 1943 年本，前后或不统一；如加改写，又无人能胜此任，即使勉强去做，也难符合著者原意。这个问题实在不好解决。窃以为比较可行的方案是，将1943年本全部印出，再将《文字形义学目录》《文字形义学字目》和 1952 年手写本附印于后。这样，读者既可读到此书的完整本子，又可窥见著者 1943 年后对此书的修改情况；整理者也不会感到困难。对这个方案，不知您意如何？

我所有的《中国文字学概要》未印出版年月，大约是 1940 年本。今欲借阅您的 1943 年本，敬请惠允。如能近日检交令侄逢斌送来，那就太好了。

专复，顺颂

台安！

周秉钧一九八三年十二月廿六日

早在 1981 年暑假前，七伯对我说，《文字形义学》1952 年本（上半部）手稿极为珍贵，不能直接交给出版社，你利用暑期誊写一份吧（七伯校对）。于是，暑期一到，我便开始这项工作。当时没有空调，电风扇又怕吹动稿纸，只能肩搭一条湿毛巾边写边擦汗。就在这年暑假，父亲通过他的老朋友关群，将关的表侄女介绍给我。初识的女友见我能用毛笔竖行抄写古色古香的书稿，顿感诧异。抄写到一半时，我评估以我的能力，凭着我对《积微居小学金石论丛》《积微居小学述林》《积微居金文说》等书的熟悉，凭着《目录》和《字目》，是大体可以补出《文字形义学》下半部的。如上文所说，七伯手抄《文字形义学目录》，现在也在我手里。只是目前我要做的事实在太多，没有时间和精力来做罢了。如培养研究生来做，一是做不来；二是用于指导和修改的精力，恐怕比自己做还要更多。有一位深圳大学的卞仁海君，当能胜任愉快。只是不知卞君愿意从事于斯否？

趣味盎然的《中国修辞学》

杨树达先生的《中国修辞学》，是我国修辞学领域两大流派中民族形式派的代表作，同时也可以把它当作一部普及性的趣味性的读物来看。笔者小学期间一读到它，便顿觉意趣盎然。试看第三章《修辞举例·改字》第十三例：

宋洪迈《容斋续笔》卷八云：王荆公绝句云："京口瓜洲一水间，钟山只隔数重山。春风又绿江南岸，明月何时照我还？"吴中士人家藏其草，初云"又到江南岸"，圈去"到"字，注曰不好。改为"过"，复圈去，而改为"入"，旋改为"满"。凡如是十许字，始定为"绿"。——树达按："绿"字具体，使人印象深刻，故佳。

第三十三例：

清顾嗣立《寒厅诗话》云：张橘轩诗："半篙流水夜来雨，一树早梅何处春？”元遗山曰：佳则佳矣，而有未安。既曰“一树”，乌得为“何处”？不如改“一树”为“几点”，便觉飞动。

又如，同一章的《改句》第七例：

《晋书》卷九十六《列女王凝之妻谢氏传》云：谢氏字道韫，安西将军奕之女也。尝内集，俄而雪骤下。（叔父）安曰：何所拟也？安兄子朗曰：“散盐空中差可拟。”道韫曰：“未若柳絮因风起。”安大悦。

第九例：

《朱子语类》卷百三十九云：欧阳文多是修改到妙处。顷有人买得他《醉翁亭记》原稿，初说滁州四面有山，凡数十字，末后改定，只有“环滁皆山也”五字而已。

同章《颠倒》第四例：

闻诸先辈云：平江李次青元度本书生，不知兵。曾国藩令其将兵作战，屡战屡败。国藩大怒，拟奏文劾之，有“屡战屡败”语。曾幕中有为李缓颊者，倒为“屡败屡战”，意便大异。

另外，把《中国修辞学》比喻为一部趣味版的《古书疑义举例》——后者是清末俞樾所著读古书的入门书——也实不为过；《中国修辞学》可以解决许多读古书所遇到的疑难问题：

《史记》卷八《高祖纪》云：诸侯及将相相与共请尊汉王为皇帝，汉王曰："吾闻：帝，贤者有也。空言虚语，非所守也。吾不敢当帝位。"群臣皆曰："大王起细微，诛暴逆，平定四海，有功者辄裂地而封为王侯。大王不封号，皆疑不信。臣等以死守之。"汉王三让，不得已曰："诸君必以为便……便……国家，……"甲午，乃即皇帝位汜水之阳。树达按：《汉书》改为："诸侯王幸以为便于天下之民，则可矣。"文气虽完而原文之语态失矣。

使曹勃不能制。树达按：谓曹参、周勃。

《后汉书》卷八十《崔琦传》云：今将军累世台辅，任齐伊公。树达按：谓伊尹、周公。树达按称"伊公"不妥。

《晋书》卷四十二《王濬传》云：世祖旌贤，建葛亮之胤。树达按：诸葛省称"葛"。

赵彦昭《侍宴桃花园咏桃花应制》云：长年愿奉西王宴，近侍惭无东朔才。树达按：东方朔省称"东朔"，"东方"姓省去一字。

上引第一段见于第十一章《存真》，第二、三两段均见于第十六章《错综》，四、五两段见于第十八章《省略》。关于第一段，在作者的另一部著作《古书疑义举例续补》中的《据古人当时语气直述例》中说得更详细：

上文重言“便便”，“便国家”之下，亦本当有表示允诺之辞，而高祖蹇涩未言，史公即亦据情述之，而高祖急于称帝之心及其故作推让之状，跃然如在目前矣。（此为余友钱玄同先生之说。）此盖太史公效法《春秋》，所谓“微而显”者所在欤？班氏作《汉书》，乃改曰：“诸侯王幸以为便于天下之民则可矣”，取高祖未竟之语而补足之，当时高祖之态度，不可得而见矣。

说到《古书疑义举例续补》，《中国修辞学》和它是有渊源的。这两部著作的作者杨树达先生解决传世典籍中疑难问题的功力，自清代高邮二王之后，无人能出其右者；所谓“征实擣虚”是也。1924 年出版的《古书疑义举例续补》即是他所精心撰作的此类著作之一种。该书重点从修辞和校勘两个方面对俞樾的《古书疑义举例》进行补充和纠正，章太炎称此书“用心审密”，“足匡高邮王氏之失”。《中国修辞学》本是作者任教于清华大学时为他所任教的修辞学课程所撰作的教材，它是在《古书疑义举例续补》基础上，将修辞和校勘加以区分，使之各成专门之学的产物；即前者将《古书疑义举例续补》进一步系统化和科学化了。该书 1933 年由上海世界书局初版。《中国修辞学》是修辞学领域民族形式与科学内容完美结合的典范；郭绍虞曾借用陈寅恪称颂《汉代婚丧礼俗考》的话赞誉此书为修辞学“辟一新途径，树一新楷模”。

《中国修辞学》的主要贡献是建立了古汉语修辞学的体系，注重从古汉语修辞现象的实际中总结修辞规律，注重继承古代修辞研究的传统并有所发展。秦旭卿先生撰写专文认为该书具有民族性、科学性、创造性、启发性四大特点。

不顾风行一时的西洋纳斯菲《高级英文作文学》的修辞体系，也不为东洋岛村抱月、五十岚力、佐佐政一的修辞框架所限，而是“沉浸于旧闻而以钩稽之法出之”，即将我国古籍中十分丰富的古汉语修辞材料，分类排比，构成一个独特的修辞体系，揭示出古代汉语修辞的真实面貌。是为“民族性”。作者指出，修辞和语法不同，前者具有民族性，故修辞学不能因袭外人，必须走本民族自己的路。这一点作者在初版《序言》里作了十分清晰的阐述。“民族性”乃是本书最重要的特点。

正因为此，《中国修辞学》才一直被认为是我国修辞学领域两大流派中民族形式派的代表作。

将修辞与校勘加以区分，使之各成专门之学，同时归纳总结古人修辞的规律。是为“科学性”。

发前人所未发，指出古汉语中的若干特殊修辞现象，并将之提升到理论的高度。是为“创造性”。

从古籍中辑录大量修辞事例，分类编排，让事实说话，而不言自明；关键处加以简明扼要的按语以画龙点睛；所谓“以少许胜许多”。是为启发性。

秦先生又指出三点：由《古书疑义举例续补》到《中国修辞学》是中国传统语文学向现代语言学转变的一大飞跃；《中国修辞学》第一次把修辞和语言三要素紧密结合起来了；《中国修辞学》的研究方法体现了唯物辩证法。

周秉钧先生对《中国修辞学》的学术价值和历史价值作了更为凝练的总结："杨氏博览群书，从我国古籍中收集了非常丰富的修辞材料，加以分类排比，揭示出我国古代修辞的真实面貌。汉语修辞的主要内容，在这本书里可以说基本概括了。杨氏是全面地占有了我国古代修辞材料科学地进行研究的开路人。《中国修辞学》这本书是研究我国古代修辞的一部重要的著作。它在我国修辞研究史上占有很重要的地位。"

这次湖南人民出版社将《中国修辞学》作为《老清华讲义》丛书之一，改为简体横排重版，将使得这部学术名著的普及性和趣味性更为凸显。据笔者所知，就在近两年，该书作为《杨树达文集》之一和《湖湘文库》之一由上海古籍出版社和湖南教育出版社两次重版。名著之所以成其为名著，在其价值总是历久而弥彰。《中国修辞学》的再次重版，充分说明了这一点。

（载《老清华讲义·中国修辞学》，湖南人民出版社 2010 年版）

旧梦春明忘未曾[1]

——杨树达先生与湖南新文化运动

杨树达先生是举世公认的国学大师。这样一位人物，其青壮年时代，是不是沉浸于书斋，整日埋头学问呢？答案是否定的！他是专注于学问的，同时也关心并参与现实政治。他是湖南"驱张"运动的骨干；他提倡白话文，主张汉字简化；他喜欢阅读西方小说，既读英文本、日文本，也读那一时期较为少见的中译本；直至年近六旬，偶尔也还翻译一下《诗经》中的爱情诗。

杨树达先生在其回忆录的《自序》中说："余性不喜谈政治。中年涉世，见纯洁士人一涉宦途，便腐败堕落，不可挽救，遂畏政治如蛇蝎。"其中的"中年涉世"大有讲究。以往年代，人过三十，即是中年。出生于1885年的杨树达先生，在五四运动前后，也就三十四五岁。也恰在这时，他的"涉世"较为频繁。

---

[1] 这是杨树达先生1944年2月所撰《六十述怀》五首第二首的第二句，也即文末所引"投荒寂处冷如冰"的下句。

《积微翁回忆录》记载1919年："五月四日，北京学生以巴黎和会处置中国事不公，群众游行，反对代表签字，殴击汉奸曹汝霖、章宗祥等，是为五四运动。同时，北京大学教授提倡思想解放，文字主张白话，新潮遍于全国。长沙教育界陈夙荒（润霖）、朱剑凡等发起组织健学会，响应新潮，余与焉。"

"余与焉"三字未免太简略，它的实际内涵却是血肉丰满的。请看1919年6月16日的长沙《大公报》：

> 省教育会长陈夙芳君以世界思潮多所改变，特集合同志发起学会，共同研究。业于昨十五日发起成立学会，到会者有向绍轩、姚孟宗、杨树达、徐特立、赵鸿钧、朱剑帆、方克刚、汤松、蔡湘、孔文达、李云杭、钟国陶、欧阳肃、何炳麟、李景侨、赵翌等。首由发起人报告组织学会之意旨，略谓兄弟前次到京，偶有感触，深抱乐观。缘四年前北京大学学生，以做官为唯一目的。非独大学唯然，即大学以外之学生，亦莫不皆然。前次居京所见，迥然不同，大学学生思潮大变，皆知注重人生应为之事。其思潮已多表露于各种杂志日刊中。因之京师各校学生，亦顿改旧观，发生此次之救国大运动。其致此之故，则因蔡孑民先生自为大学校长以来，注入哲学思想、人生观念、使旧思想完全交换。或误认学生救国运动为政客所勾引，而不知实出自学生之自动与新旧思潮之冲突也。盖自俄国政体改变以来，社会主义思潮渐渐输入远东，虽派别甚多，而潮流则不可遏抑。即如日本从来对于提倡社会党人苛待残杀不遗余力，而近日竟许社会党人活动，如吉野

博士等则主张采用国家社会主义以和缓过激主义，顺应世界之趋势，从容将日本政体改变为英国式之虚君制。于此可知世界潮流改变之速，势力之大矣！我国新思潮亦甚发展，终难久事遏抑，国人当及时研究，导之正轨。同人等组织学会，在采用正确健全之学说，而为彻底之研究。研究方法及其范围，尚须征求大家意见云云。继又朱剑帆君演说：主张各除成见，研究世界新思想，判别是非，服从真理。……

又据 1919 年 7 月 7 日长沙《大公报》报道：

昨星期日上午八时，为健学会订期演讲之期，到会会友约四十余人。由会友杨树达君担任讲演，演讲题为“教育和文字”。

查健学会第一次演讲者为朱剑凡，第二次是请的外面的人，此次演讲为健学会第三次演讲，于此可略微窥见杨先生在该学会中的位置。在这次演讲中，杨树达先生主要讲了三点：一是提倡白话文；二是中小学语文教育要适当加入外国文学的成分，后者尤其有助于滋养国民的精神和道德；三是提倡简化汉字。

杨先生认为，白话文运动虽然在近期是胡适之、陈独秀所大力提倡，从中西文学史看，实际上却是大势所趋，乃水到渠成之事。而白话文的教学，能使人养成读书力，助长发表力，故应大力推广。在第三点中，杨先生不认同废除汉字，却提倡简化汉字。因为，从汉字的流变史看，简化乃是大势所趋。他说：“所以我们对于今日的字体加以变动，不但是绝无妨碍的事体，恐怕还是我们的天职。”在这一点中，杨先生还举了若干例，建议以“于”代“於”，以“与”代“與”，以“气”代“氣”，以“从”代“從”，以“虫”代“蟲”，以“迟”代“遲”；这些，在后来的汉字改革实践中都得到了落实。笔者曾经读到过一册1950年代初再版的、初版于1922年的北京的《文字改革初号》，其中一篇署名“遇公”（杨先生字“遇夫”）的文章，谈的也是这个意思。1922年国语统一筹备会第4次大会上，钱玄同得到陆基、黎锦熙及杨先生联署，提出《减省现行汉字笔画案》，经大会议决通过，设立“汉字省体委员会”，有钱玄同、胡适、杨树达、沈兼士、黎锦熙、周作人等16位委员。

至于外国文学有助于滋养国民的精神和道德，可以用杨先生为初版于1923年的李青崖《莫泊桑短篇小说集》所写的《序言》作注脚：

> 在外国小说里面，我最喜欢读法国莫泊桑的短篇小说，可惜我不曾学过法兰西文，不能够读他的原著；但是英文和日文的译本，以及近数年来本国文的译本，凡我力所能致，耳目所及知的，我必定要寻找读一读。
>
> 我读了莫泊桑的小说，觉他描写之精细，工巧，简洁，固然是竭尽了技术上的能事，但是他所以能够沁人心脾，令人击节叹赏的缘故，尤在乎他那观察力和想象力的微妙，只看他的短篇有如许之多，不论他们的材料是社会的，或哲学的，或情感的，或

滑稽的，而他们的内容，没有一篇不是令人惊心动魄，使人神经震动，惕怵不安的。论他的量，既有如许之多，论他的质，又这样充实富美，在各国文学家当中，恐怕也是很少见的。

我还记得前几年读了他的《梅吕哀》那篇之后，我很替那位“失去故国的王宫旧贡奉”，洒了几点同情之泪。觉得人生到了那种境地，真是无可奈何，而著作者之富于同情心理，就那一篇也可以窥见！其实那篇文字的事实和作意，不过是我们少年时代读的唐人《江南遇李龟年》那首诗“岐王宅里寻常见，崔九堂前几度闻。正是江南好风景，落花时节又逢君”云云的意思罢了。但是这诗“除了盛衰今昔之感”以外，再没有旁的物事；莫泊桑这篇小说，却提到“那位老贡奉失去故国后怎样生活”一层，那便不止是一种单纯的“盛衰今昔之感”了。

所以我常常觉得像莫泊桑和近代俄国文学家的著作，真能够打入人心的最深之层，万非我们旧来肤浅的文学所望得到的。

莫泊桑又有一篇，我现在忘其题名了。内容述一个人在车站等车，遇着一种非宗教的丧葬仪式；因为闲着没事，他的好奇心，便驱使他随着送葬的人群同走。一个送葬者拿死者的历史和伊所受于社会的残酷待遇告诉他，才知道死者是一位曾经被人强迫污辱过的女子。我读过之后，也曾经受了一种极强烈的感动。

毕业于莫斯科中山大学的左联女作家彭慧晚年回忆，“我从二舅杨树达的书堆中找到一本《新青年》的合订本，受到其中文章的影响，就学着用白话文写小说，发表在学生自治会的刊物上”。以此为发端，彭慧走上了左翼之路。

在1919—1920年湖南轰轰烈烈的驱张运动中，杨树达先生始终站在最前列。他是湖南各界赴京请愿的两名教职员代表之一。先生老友王啸苏先生回忆说：“当湖南发动驱张敬尧时，先生被推为教职员代表。启行有日，吾与同人往送，咸有惜别之容。先生慷慨言曰：‘义无反顾，势在必行，吾意决矣！’吾人皆壮之。”1919年12月18日，赴京请愿团抵京。次日，先生和湖南省城各校教职员代表及公民代表罗教铎、朱剑帆、毛泽东、罗宗翰等，商谈草拟准备递交大总统的联名呈文，控诉张敬尧摧残教育等十大罪行。驱张运动的高潮无疑是新华门请愿，即1920年1月28日，教职员代表杨树达、罗教铎，公民代表毛泽东、张百龄及学生代表若干人，到新华门和国务总理靳云鹏的副官长于化龙的谈判。关于这次谈判中各代表说了什么，迄今唯一见诸文献的当事人的回忆，是新民学会女会员李思安在上世纪50年代写的《回忆驱张运动》中的下面这段话：“记得杨遇夫声色俱厉，拍桌打椅质问秘书长（逢彬按，实为副官长）：湖南学生离乡背井，来了这么多人，你们为什么不接见？湖南闹得这么凶，你们为什么不解决？秘书长被骂得哑口无言。”

杨树达先生在这一时期较为热衷新文化运动，既与当时内忧外患逼人而来，新文化运动风起云涌有关，更与其早年所受教育有莫大关系。清朝末年，河山日蹙。甲午战争后，杨先生“睹父兄愤慨之诚，即切同仇之恨”。十三岁，即戊戌变法前夕的湖南维新时期，与伯兄树谷一同考入陈宝箴、黄遵宪、熊希龄、谭嗣同等合力创办的湖南时务学堂，与蔡锷、范源濂等同在第一班，从梁启超学习《孟子》《公羊传》，接受了梁所倡导的民权革命思想。杨先生在1929年初所撰梁任公祭文中写道：“其诵维何？《孟轲》《公羊》。其教维何？革政救亡。士闻大义，心痛国创。拔剑击柱，踊跃如狂！”在1905年到1911年留学日本期间，他加入了同乡杨怀中发起的“中国学会”。

杨先生在五四运动前后对现实政治较为热情，但头脑还是较为清醒的。就在他演讲“教育和文字”的那次集会，他又动议“解释误会”，“略谓日来外间对于本会颇多误会，有谓本会主张社会主义者，并有谓主张过激派之极端社会主义者，殊堪发噱”。如果我们回顾一下我们民族此后吃过的“过激派之极端社会主义”的苦头，就不得不佩服这一动议，实在是有先见之明的。

中年以后，杨先生逐渐退出政治运动，开始通过做学问来报效国家民族。如果我们梳理一下那一时代人文知识分子如杨先生的清华中文系旧同事朱自清闻一多等的生命轨迹，就不难发现这一转变有着某种共同性。即便如此，杨先生身在书斋，并没有完全忘怀现实政治。当日寇的铁蹄践踏神州大地的时候，他便开始撰作《春秋大义述》。正如他的挚友曾运乾在《序言》中所说：“迩者以来，鉴于国变日亟，慨然中辍其考订精严之素业，而从事于师绝道丧之微言”，为的是通过阐发“大一统”“尊王攘夷”与“复仇”等“春秋大义”，激励军民努力抗战，驱除敌人。

而当他在湘西山中百无聊赖的时候（他的诗句“投荒寂处冷如冰”可以为证），早年写作白话文的冲动偶尔也会灵光乍现——将《诗经·齐风·东方之日》翻译成白话就是一例：

太阳挂在东头啊！那漂亮的人儿，在我屋子里头啊！在我屋子里头啊！踹着我的膝头啊！

月亮爬上东墙啊！那漂亮的人儿，走过我的回廊啊！走过我的回廊啊！踹着我的脚上啊！

（载人文丛刊《湘水》第3辑）

杨树达的“大言”

七伯杨德豫先生生前，在不同年份，好几次对我谈及一件事。最后对我谈及此事，是2012年8月末我到武汉某军医院探病时。次年元月我到武汉，就只见到他老的遗容了。在2007年2月10日，他在给我的一封长信中也提及此事。此事是针对《积微翁回忆录》1937年3月6日这段话而讲的：

> 访余季豫。季告余，孙蜀臣尽数日之力读余《小学论丛》，极为倾服。但谓《自序》作大言为可不必耳。余笑谓季云：“人曰余为大言者妄，百年之间不为一大言者愚。余伺其间，遇有两三分可为大言之时而一为大言，乃所谓时然后大言者，不亦可乎？且蜀臣肯尽数日之力以读余书，读讫不能不表倾服，然则余之为大言，固不当耶？”季闻余言，亦为輾然也。

七伯信中说：

91 页，倒 5 行："自序作大言"。按：解放后出版的《小学金石论丛》自序中并无"大言"；而解放前的 1937 年版本，自序中原有"毋乃上苍欲昭明此土文化于人类，姑假手于予，令略窥仓颉诅诵以来先民制作之精意"等语（手头无书，根据记忆，但大致不错）。孙蜀丞所谓"大言"当系指此数语。解放后出版时，可能有人提意见，父亲只好把这些"大言"删去，改为"予以顽质，乃邂逅得之。"将来《论丛》再重新印时，这些"大言"是否应恢复原貌，请你考虑。

就在 2007 年，《湖湘文库》启动，收入《积微居小学金石论丛》，由我撰写《前言》；2010 年或 2011 年上半年，商务要出《中华现代学术名著丛书》，《金石论丛》再次入选，让我撰写祖父的《学术年表》和一篇介绍《论丛》的文章。这两次都是恢复"大言"的好机会，我竟然都疏忽了，真是追悔莫及！

为了一窥究竟，我们不妨先将此"大言"置入《小学金石论丛·自序》的相关文字中看看：

盖予循声类以探语源，因语源而得条贯，其径程如此。独念胜清三百年间，小学如日中天，臻于极盛。金坛段君高邮王君敻绝一世，其于通创大例，固未有闻。毋乃上苍欲昭明此土文化於人类，姑假手於予，令略窥仓颉诅诵以来先民制作之精意者乎？

"通创大例"指书中《形声字声中有义略证》《字义同缘于语

源同例证》等篇。在“其于通创大例，固未有闻”后接上“毋乃上苍欲昭明”云云，语气连贯，一气呵成；而接上“予以顽质，乃邂逅得之”，则显得十分勉强。

其实所谓“大言”，我以为不完全表达的是如同庖丁解牛后的自负，还有一份强烈的责任感和爱国心包含其中。该书初版的1937年，正当国家民族危急存亡之秋。该书《形声字声中有义略证》中的一段插话，也许可以和“大言”互证：

> 方今外寇鸱张，党人偷乐，国家在惊涛骇浪之中。吾人既不能执干戈以卫社稷，则整理文化留贻子孙，非吾辈任之而谁任之哉！噫！

梁漱溟先生也有类似的“大言”，比杨先生所说还更为“过分”。但谁能否定其中以天下为己任的责任心呢！

七伯信中说，“解放后出版时，可能有人提意见，父亲只好把这些“大言”删去”。我倒以为是祖父自己删去的。解放后的增订本是1955年出版的。请看1952年7月19日、22日、8月3日、4日《回忆录》：

> 湖大思想改造运动，力行批评与自我批评。今日，群众意见书来，凡六条，内容为自高自大，轻视他人，专家学者包袱极重，强调业务学习，喜爱奉承。皆切中余病。
>
> 始草《自我检讨书》。

《自我检讨书》十日来屡次修改，今日始定稿。

余向历史系师生检讨。……他如强调业务，自高自大、自私自利，皆极端错误，急需改正者。检讨毕，同事同学多人与余握手道贺，幸获通过。

群众意见书第一条即“自高自大”，《检讨书》也承认这点。那么，像“毋乃上苍”云云这样的新中国成立前就被友人认为不妥的文字就不得不删去了。

顺便说一句。胡文辉《现代学林点将录》谓：“大抵杨氏仍以训诂学为重，较之高邮二王，功力虽有不逮，而方法、视野过之，自有后来居上者在，故时人举为‘今日赤县神州训诂小学之第一人’。”“仍以训诂学为重”云云，杨树达先生在《积微居小学述林》的《自序》中有辩白，此不赘。“较之高邮二王，功力虽有不逮，而方法、视野过之”，我以为出自《述林·自序》的这段话：

我自愧功力之深邃不及段王，但以我的成绩论，又似乎有比段王进步了一些的地方。

但这篇《自序》同样是经过“洗澡”批判“自高自大”之后写的，“自愧功力之深邃不及段王”未必是积微翁的肺腑之言，“以我的成绩论，又似乎有比段王进步了一些的地方”才是表述的重点。学术是“前修未密后出转精”的。到杨树达先生晚年，已经指出了王氏的种种不足，如在《汉书窥管·自序》《离骚传与离骚赋》中之所言。

杨树达先生在新中国成立后再版的书中，我所知道《序言》作了较大改动的，还有两例。一是《高等国文法》。该书新中国成立前好几个版本的《序例》正文之后，都有一篇长达数页的附文，内容为与刘半农论战者。该附文新中国成立后诸版本都删去了。《湖湘文库》本出版时，编者听从了我的建议，把该文补录了。二是《中国修辞学》1954 年出增订本时，《自序》中有一段“不合时宜”的话；到 1955 年听取郭沫若的建议更名为《汉文文言修辞学》再版时，这段话不见了：

> 抑徐君（按，指徐特立）赞可，而余微有自信者，以此书虽未备，而于当世君子所号召科学内容，民族形式者，容有万一之仿佛也。颇闻国人方欲取民族形式之文字改从他族之纯以音为符者，文字之不保，何有于修辞！然则吾今此之所为，殆不免于多事矣。

这段文字，《湖湘文库》本同样补录了。“当世君子”指周恩来，他在一篇报告中提出了“科学内容和民族形式相统一”，杨树达先生深以为然。为什么删去了这段文字？是否听王季范转述毛评新文字“斩断历史，制造文盲”（见《杨树达先生的遗稿》）而感到放心了，或是别的什么原因，就不得而知了。

（载 2014 年 10 月 19 日《东方早报·上海书评》）

第二辑　史海萍踪

郁达夫《微雪的早晨》主人公原型是谁

郁达夫写于 1927 年的小说《微雪的早晨》，讲的是大学生朱君因恋爱不自由而导致精神分裂，最后因服错药致死的故事，意在鞭挞包办婚姻、封建礼教。笔者认为，该小说主人公的原型，就是鲁迅杂文《记“杨树达”君的袭来》及《关于杨君袭来事件的辩正》中的“杨君”——杨鄂生。

小说中的“朱君”和杂文中的杨鄂生都是 20 世纪 20 年代头几年北京师范大学的学生。“朱君”是个“贫困生”，而《袭来》中的一段对话说明杨鄂生也囊中羞涩：“你要钱什么用？”“穷呀。要吃饭不是总要钱吗？我没有饭吃了！”虽然是疯话，想必也反映了现实。

《辩正》提到，(1924 年)11 月 13 日是杨鄂生精神错乱的第一天，《袭来》也说得明明白白，杨鄂生到鲁迅家去的时间是当日上午 9 点 20 分；而小说描述，阳历 10 月后，朱君开始精神抑郁，初冬的某一个早晨，精神病开始发作。朱、杨两人不但患的都是精神病，而且发病时间惊人的一致。

朱君的死因，小说中交代，是“服药服错了”，腹泻而死。巧的是，杨鄂生也是死于误诊。杨树达先生的《积微居诗文钞》中有一副作于1926年春的挽联《挽范士荣》记载了此事。其上联及注释是“杨君死于医，今君死于盗，吾党纵多才，何以堪此？（杨鄂生去岁死，二君皆国文系生。）”杨树达先生那时是北师大国文系主任，他的记述应该是可靠的。

至于这两个人的姓，我们很容易联想到战国时那个“拔一毛而利天下不为也”的杨朱。

此外，还有一些次要的证据。杨鄂生是国文系学生，朱君从其言谈举止看，应该也是念文科的，很可能是国文系的。杨鄂生话里夹带英语，朱君也能“看英文的爱伦凯、倍倍儿、须帝纳儿等人的书”，等等。

20世纪20年代的中国大学，往往只有几百个学生，每个系就十几至几十人。郁达夫与鲁迅是至交，他小说中的“朱君”与鲁迅文章中的杨鄂生同一年代、同校、同病、发病时间相同、死因相同，当非偶然；“朱君”的原型应该就是杨鄂生。

（载《鲁迅研究月刊》2004年4期）

《黄侃年谱》读后

近日读到司马朝军兄和王文晖博士合撰的《黄侃年谱》，真是喜不自胜。我读过王博士关于《三国志》成语研究的新著，深为服膺其学术见解与功力；但更了解司马兄，我与之订交已经十六年了。十六年前，司马兄还在武大中文系念本科，课外刻苦研读文史，他在文史方面的功力是有目共睹的。在校期间，几次获得黄侃语言文字甲等、乙等奖学金，便可证明（那时这类奖学金多为研究生获得，本科生获此奖者，大约自司马兄始）。当时他不断地求教于古汉语教研室和古籍所的老师，并与相关专业的研究生切磋琢磨，给大家留下了深刻的印象。《黄侃年谱》之开始撰写，大约就在那之前；因此说本书是“十年磨一剑”，殆有过之。

从武大毕业后，司马兄在湖南省委机关工作过一段时间。在此期间，他既阅读了大量文史名著，又利用工作之便，走访了许多文化名人，为《黄侃年谱》的撰作收集了大量不可多得的史料。

每年寒、暑假，我由鄂返湘，所居省出版局宿舍与他省政协的居所仅一墙之隔，晚饭后散步，辄造访焉。一谈及学问，司马兄总是眉飞色舞，宠辱皆忘，因此我知道他是不宜长在机关工作的。

不久，他果然负笈北上，从此不断在武汉、上海攻读学位及博士后课程，先后师从曹之、吴金华等先生，终于在复旦修完博士后课程，作别了大上海的笙歌百里，软红十丈，回到枕千顷碧水，观万木芳华，而物质金钱却弗如远甚的母校武汉大学，开始了教学与研究生涯；这样我们又得以朝夕过从。最近，他所主持的国家社会科学基金项目被全国哲学社会科学规划办公室评为优秀成果，并得到通报表彰；他的博士论文、博士后出站报告也不断地获得有关专家一致好评，他的博士论文入选著名的《东方历史学术文库》，已由社会科学文献出版社公开出版；其博士后出站报告又被选入《武汉大学学术丛书》，即将出版。在此之前，我还没有听说有如此年轻的新教师的著作被列入武大这项权威丛书的。我十分了解，司马兄为人忠厚而不太擅长于交际；他能迭获殊荣，除了老师的帮助教导之外，便完全是呕心沥血的结果——不把书稿改得满意，他是不肯拿去出版的；这部《黄侃年谱》之所以迟至今日才得以杀青，原因就在于此——在若干年的奔波中，这部书稿始终置于行囊和案头，随时增补，从未间断。

经常可以听到这种喟叹：当今是一个浮躁之风劲吹的年代，许多人不愿潜心研究而急于求成。诚哉斯言！但以中国之大，总有那么一批愿意埋头苦干的人。否则便不能解释我们的科学技术和生产力何以越来越逼近发达国家。在哲学社会科学领域，甘坐冷板凳而鄙视投机取巧的也不乏其人。手头这部《黄侃年谱》，就未尝不可以说明这一事实。

幼时长辈教我道，读古人书，就是与古人当面谈话。司马兄长年与故去的硕学鸿儒对谈，我因此理解他何以如此经年累月而乐此不疲。一方面，与古人神交，耳濡目染，默化潜移。如季刚先生之刻苦治学，“扎硬寨，打死战”，学界有口皆碑。司马兄长年浸染其中，宁无影响？古代志士仁人和前辈学者的亮节高风，能不薪火相传？此所谓“染于苍则苍，染于黄则黄”。另一方面，与古人神交，不但是苦事，也是人生一大乐事。我们知道，看影视力作，感觉确实不错，如同吃麦当劳、必胜客；而读经千淘万沥披沙拣金之中外名著，则如同进入谭家院中、组庵府上，品茗尝新，把酒话旧，佳肴毕至，馨香扑鼻，能不食指大动？司马兄既有口福，宜其流连忘返了。

我想，黄季刚先生亦然。然乎？否乎？他师从太炎先生，几十年刻苦治学，终成一代宗师，被誉为清代小学的殿军。他是如何取得如此成就的？他服膺哪些古人与故人？他读书的甘苦何在？他又受到哪些人的影响？他与哪些人过从甚密？他与学界诸公的恩恩怨怨到底是怎么回事？他的学术成就及学术以外的功绩体现在哪些方面？时人及后人是如何看待他的？弄清这些，当然大有助于近现代史和学术史研究。研究者及一般读者也当然可以去读《量守庐日记》《量守庐学记》等书，但一来此二书都不易找到；二来《日记》篇幅过大，读者恐无此耐心：而《学记》提供的信息又相对集中，不能反映季刚先生一生的全貌；三来兼听则明。现在司马朝军兄和王文晖博士合撰的《黄侃年谱》即将付梓，该书篇幅适中，又具有客观性、准确性、资料性、可读性四大特征，此外还有许多斯编独具而他书不备的优点。因具见于《前言》，这里就不烦列举了。十几年霜回暑往，八千里月冷云舒，星星点点，终成一帙。我敢在此预言，此书一经发行，必将引起广大文史研究与爱好者的广泛关注，不胫而走，风行海内；而在下承蒙司马兄不弃而以为文命之，实与有荣焉。

（载《黄侃年谱》，湖北人民出版社 2005 年版）

旷璧成追忆董同龢

旷璧成先生是我祖父杨树达先生在清华大学中文系教书时的学生，新中国成立前夕任长沙清华高级中学校长。长沙清华高级中学是清华大学的几个附属中学之一，我最小的伯父和我父亲都在该校读书，是旷先生的学生。新中国成立后，长沙清华与省立一中合并为长沙一中，旷先生仍任校长，我伯父则是该校英语教师；后来我父亲任职于省新闻出版局，与一中仅一墙之隔，也得以经常向老校长请安。笔者也经常在清水塘一带遇见旷校长。她终身未婚，八十多岁仍精神矍铄，个头不高，白发皤然。她生前撰有回忆录，2001 年初去世后由亲友及学生（包括笔者的父亲）共同将回忆录和其他文章编成《旷璧成纪念文集》内部出版。其中包括许多弥足珍贵的史料，例如 162—163 页这段回忆董同龢先生的文字：

前面我说到同龢的照片“貌甚惊人”，确实他那瘦长的个儿，从头发到脚趾都是由直线组成，即使是笑，脸颊也没有圆晕，两眼却眯成了一条横线。他助人为乐，并且不计较报酬。学校有一门每个学生必修而谁都不愿修的课程——党义，我到第四年才列入自己的课程表。除第一次上课交选课卡，再也没有去听过讲。学年考试，我真是急得像热锅上的蚂蚁，那些已经选读过的同学都宽慰我说不要紧，只要卷子上写了文章，不论什么内容都会给 pass。同龢却笑着指着自己的鼻子说："一瓶马记汽水，我替你去考。"我看他的神态不像开玩笑，就同意了，说定考完来静斋（女生宿舍）领汽水。考后一星期，也没见同龢的影子，我预感一定出了问题。又过了几天，他来了，果不出所料，他的心情又紧张而松弛，说："好险！你差点毕不了业。今天公布了成绩，你得了个Ⅰ（及格），算是过关了。"原来考试时，他午睡过了头，醒来，急匆匆赶到考场，领到试卷就埋头疾书，写完就在卷面填上我的学号就交给了老师。老师一看没写名字，故意问："密斯特董，你怎么不写上名字？"说着，拿起笔就在学号后面写上"董同龢"三个字。同龢这是第四次参加考试，也是第三次替考，老师都认得他了。糟了，学号和名字对不上，试卷肯定会作废。为了这门课，还得留一年，帮忙却帮了倒忙。那十天同龢简直寝食不安，现在一块石头落了地，才敢来通报结果，马记汽水也不要了。

同龢读书，一开始就醉心于语言学，特别是对方言的研究。他应该是了一（王力）师的入室弟子。毕业后，他进入中央研究院历史语言研究所，得到专心深入研究的机会，一生专事，成就极大。

1940年我在重庆清华中学任教，历史语言研究所也内迁四川，同龢给我来信说："如果仍想从事学术研究工作，可以来历史语言研究所落个客户。"我自己认真思考了一下，将两者比较，如果作为事业，实在无高下之分，只不过研究对象不同罢了。我谢绝了他的关心，后来也谨辞自清师要我回系的好意，决心一辈子献身中学教育。

抗日战争结束，历史语言研究所迁回南京，我也回到长沙开办长沙清华中学。南京解放前夕，同龢来信和我商量，想把他的研究资料都寄放到我这儿存放，他一家子也暂到长沙来住，因为他并不打算去台湾。我当然高兴，愿意为他做好一切准备工作。可是接着他又来信，说不能来了，历史语言研究所已经把他的研究资料都运走了，他只有去台湾的一条路。可见去台湾，同龢是不得已之行。以后我从《参考消息》上偶然得知他的行踪。他已经是台湾甚至东南亚的语言学专家，还出席了蒋介石的阳明山会议。记不清是哪年传来他逝世的噩耗。

因为该纪念文集流传不广，网上百度搜索竟然阙如。担心史实付之流水，故敢摘录于此，非故意掠美也。董先生也是杨树达先生在清华的学生，他曾自告奋勇要帮助杨先生整理《史记》，见《积微翁回忆录》1933年12月11日："高生（松兆）言，近受《史记》课，极感兴趣，并愿助余任集解《史记》之役。后又有董生同龢、旷生璧成、王生文婉、刘生述真、杨生文鲁，亦表示愿相助。”（又见本书《闲话鲁实先》）1934 年 6 月 4 日：“在清华，董同龢、高松兆来谈。云此两年中，以此学期所得为最多。盖余发问题颇多，两生亦极勤学之故。”

（备注：《旷壁成纪念文集》，2001 年内部出版于长沙）

叶德辉与清末民初的湖湘

1983年，我在长沙一家医院的住院部当医生，住院的有一位70多岁的老者，新中国成立前当过维持治安的警察，极健谈，知道许多旧长沙的掌故，与我很是谈得来。一天我问他，“您知道叶德辉吗？”他说有点印象，一时想不起来了。我说就是叶麻子。他说，哦，叶麻子，我知道！然后便如数家珍，讲了许多有关叶德辉的传说。隔壁病床一位和他年纪相仿的退休印刷工人也附和着说了几句“叶麻子”的故事。老警察说，他这个年纪的人，只要是老长沙，没有不知道叶麻子的。今年在长沙过年，我试探着问了几位七十几岁而并非文化人的老长沙，却已无人晓得叶德辉或叶麻子了。但一个文人，在地方上曾经如此家喻户晓，无论如何也是个异数，实在有点类似当今的学术超女或学术超男。

还是在1983年，我正遭遇波折，心中烦闷需要排解；恰好钟叔河先生也急需找一助手，需要加以考察；因此那一段我经常和钟先生在长沙迎宾路新华社湖南分社钟宅作彻夜谈。一天，钟先生跟我谈到叶德辉，说叶刊行的《双梅影闇丛书》在文化史、医学史上均极有价值，如能出版，功德无量；可惜难以借到好的版本，出版有一定困难。从那时起，我们一直在寻找叶德辉刊刻的《双梅》，当然主要是钟先生在努力。直到 1993 年初，先生告我他已经找到了叶刻《双梅》准备出版，希望我点校其中的房中术部分，我欣然从命。这就是 1995 年海南国际出版中心出版的《双梅影闇丛书》的由来。封面上的整理者之一"何守中"就是钟先生名讳的长沙话倒读，这一点先生在刊于 2006 年第 2 期岳麓书社的《书人》杂志《关于笔名》一文中有记述。

杜迈之、张承宗的《叶德辉评传》上编第八章《糜烂的生活》中对叶的刊刻《双梅影闇丛书》有这么一段评论：

> 叶德辉还假"圣道""人道"之名，公开刻印宣扬淫秽生活的《双梅影闇丛书》之内的著作。……内容全是公开诲淫和宣扬色情糜烂生活的。他在每书卷首还写上一道重印序言，大肆渲染。这套丛书初版于一九零七年（光绪三十三年），当时，谭延闿已中了会元，成了新派豪绅中的红人，叶德辉特请他为这套丛书题签，以为推荐。叶刻印过不少的书，但以这套坏书印销最多，获利最厚，其流毒也非常深远。

那就让我们看看叶在重印序言中说些什么吧。《素女经·序》中说：

> 今远西言卫生学者皆于饮食男女之故推究隐微，译出新书如《生殖器》《男女交合新论》《婚姻卫生学》。无知之夫诧为鸿宝，殊不知中国圣帝神君之胄此学已讲求于四千年以前。即纬书所藏《孔子闭房记》一书，世虽不传，无非端性情，广嗣续，以尽位育之功能。性学之精，岂后世理学迂儒所能窥其要眇？然则《素女》一经，犹是斯道之大辂椎轮焉耳！……读者因隋唐旧籍以求古圣人制乐禁情之节文，延年种子之要道，俾华胥之族类繁衍于神州，和平寿考之休征充溢于宙合。

在《洞玄子·序》中，叶德辉写道：

> 书中胪列三十法，为后世秘戏之滥觞。要其和血脉，去疢疾，其言出于《素女经》《玉房秘诀》之间，故医家重之，并相援引。……近日妄人喜谈新理，以为男女裸逐，而后进入大同。岂知人之所以异于禽兽者，在裸而不逐；则衣冠揖让，婚姻孔嘉；上以广造化生物之仁，下以获子孙螽斯之庆。果如妄人所尚，则是未犯绮戒，先堕泥梨；不为豕交，而亦兽畜。彼亦人情耳，胡不起化于闺门，本身以作则？而乃空言惑世，欲牵天下之人还于牛首蛇身之俗？是独何心哉！

很明显，这不是什么诲淫。所以作为新派豪绅的一员，一贯不做“出格”事体以至被讥讽为“水晶球”的谭延闿才欣然为该书题签。关于这一点，时至今日，实在不必多说。但书中有关性技巧诸如九浅一深、施而不泻、采阴补阳等等，连大声疾呼对同性恋和性学持理解态度的李银河都认为不科学，认为没什么道理（见《李银河说性》，北方文艺出版社）。恩格斯说过，在古代，科学的东西往往罩着迷信的面纱，《素女经》等古代房中术的典籍也是如此。以“施而不泻”为例，其目的无非是使得体内性激素保持在较高水平上，从而可以使得机体保持活力，提高机体免疫力；而长久不施即无性生活以及多施多泻都将使体内性激素水平下降，导致百病丛生。这一点在现代医学的内分泌学上早已得到证实；而今年岳麓书社出版的周贻谋师所著《马王堆简帛与古代房事养生》一书对诸如此类则有相当详细精到的论述。因此《双梅影闇丛书》无论在理论层面上还是在技术层面上，都是我国一部性学宝典；而叶德辉的搜罗刊刻，实在功莫大焉!

其实，叶刻叶藏叶著书籍，为我国文化事业所作的贡献，至少在图书馆学界，早已是有口皆碑。《书林清话》等版本目录学名著自不必说；钟叔河先生近日告我，毛泽东上世纪70年代初作为国礼送给日本首相田中角荣的《楚辞集注》，就是长沙叶氏观古堂所藏的宋本。

叶刻书籍之被指斥为“诲淫”，我想还有一个重要原因，就是由于他“私德不好”。就此，我想多说几句。

我之所以知道叶德辉，是“文革”中听家中长辈和祖父的故旧门生说的。大约说他是伯祖父杨树谷（芗诒）先生和祖父杨树达（遇夫）先生的老师，学问很好，而为人很不好。所谓“为人很不好”指两个方面，一是历次进步的政治运动，从戊戌变法到辛亥革命，从驱张运动到党军北伐，他都充当反对派；二是私德不好：刊行所谓“淫秽书籍”是一方面。另一方面是纵情声色，为富不仁，武断乡曲；玩娈童有之，囤积居奇有之。最后因为撰写一骂农民协会的对联，遭国民党省党部枪决。

我后来搜集到的该对联的版本很多，上下联大同小异，仅举三例。版本一：农运宏开，稻粱菽麦黍稷，尽皆杂种；会场广阔，马牛羊鸡犬豕，都是畜生。版本二：农运方兴，稻粱菽麦黍稷，杂种出世；会场扩大，马牛羊鸡犬豕，六畜横行。版本三：农运方兴，稻粱菽麦黍稷，杂种上市；会场扩大，马牛羊鸡犬豕，六畜成群。横批则只有一个版本：斌尖卡傀。意为不文不武，冇大冇细（不知尊重长辈之谓），不上不下，不人不鬼。

私德不好，发展到极致，触犯了法律，是可以判徒刑甚至死刑的，可叶德辉偏偏是以言获咎而命赴黄泉。这在世界革命史上当然算不上什么，无论是英国革命，还是法国革命、俄国革命、中国革命，以言获咎而致命者，比比皆是。但在今天看来，言论自由是一项天赋人权，这已是路人皆知的常识，实在没有什么重加申论的必要。闻一多遇刺后，祖父在日记中写道：“报载闻一多见刺死，今日真乱世也！书生狂论，竟不能容，言论自由之谓何哉！”后来祖父根据日记撰写《积微翁回忆录》，为了避免麻烦，将“狂论”改为“论政”。其实，在祖父他们那一辈学者看来，书生而发狂论，真是天经地义，否则便不是书生了。因此，叶的被杀（当然也包括李大钊、邵飘萍的被杀），引起了知识界的极度恐慌。王国维的投昆明湖自尽，一个重要的说法就是肇源于党军的北伐与叶德辉的被杀，使得他认为知识分子连起码的言论自由也将被剥夺了，因而“义无再辱”，纵身一死。

私德跟政治立场，本来没有什么必然关系。政治上保守的人，其操守不一定就坏；反之，政治上先进的人，其操守不一定就好。前者我举一个自家的例子。我的伯祖父芗诒先生，至少在五四运动前后，政治上基本是保守的。例如叶德辉上北京政府歌颂张敬尧“功高尧舜，德兼文武”的呈文，伯祖父就签了名；而祖父则是“驱张”和“五四”时期湖南新文化运动的领袖人物之一。但说到“私德”，即生活上的操守，伯祖父简直就是无懈可击。小时家中长辈告我，伯祖父曾经剜臂疗亲。即子女为了给病入膏肓的父母治病，从手的上臂剜下一块肉来，作为药引子，投进正在煎煮的中药，企图冥冥中感动天地，使父母痊愈。《积微翁回忆录》8月12日记载：

> 得家电告伯兄以喀血去世。峻、厚两侄匆促登车南行。七十有八老父，值此何以为怀？念之心如辘轳，不能自已。今年既遭母丧，又逢此变；彼苍者天，何其酷也！二十余年前，慈亲大病，兄割臂疗母，母病得痊。兄深秘其事；余年来始闻知之。两侄乍出，突有此变；天之于兄，又何酷也！[1]

---

[1] 割臂疗亲，旧时盛行于孝子孝女中，不能一概斥之为蒙昧。我所知道的祖父迄今唯一仍在世的学生，家住汉口古田五路的罗书慎老人，年轻时就曾割臂，以挽救其父罗庶丹先生。至今仍可见老太太臂上一道深深的刀口。罗抗战时湖南大学毕业，留校任教。

杨伯峻先生在1975年给笔者另一伯父的信中说：

王啸丈所为父亲传，本之李世伯墓志，而着眼点已不合时宜。我父有可传者，不在孝母，而在淡泊以守志。姑无论其志是否正确，但此志一立，富贵不能移之。民国初元，谭延闿为都督，三番五次求父亲出任民政司或财务司（厅），父亲坚拒。其后父亲主持地方自治，实操纵第一次国会选举，而尽为人作安排，自己不应选。还是别人过意不去，背地里为他弄些选票，仅得候补，也始终没有补上。黄兴、宋教仁组责任内阁，以和父亲是武昌书院同学同斋舍，私交素笃，因约湘乡胡少潜（两人好友，名子清）私宴，力劝其加入国民党，自中午至午夜，黄许以次长（副部长）或部长，既未说服，也未收买到。实际两人俱抱幻想，为袁世凯所败。筹安会头头杨度，与父亲少年之交，在王闿运门下为同门，力劝父亲任《帝制日报》主编，而父亲则转让与薛大可。其后被通缉者为薛。而当时薛声名藉甚，逃至沪上，亦逍遥快乐。父亲始终未尝为国民党员，亦不任职，晚年唯与数人唱和为乐。

后者如陈其美。政治上是坚定的革命者，而私德则多有瑕疵。然而，几十年来，不，毋宁说自古以来，人们就将私德与政治立场挂上了钩——政治上正确，则其私人操守也必然高风亮节，令人高山仰止。政治上的反面人物，其私德必然污秽不堪。一旦某人政治上反动，于其私德，还须锻炼而周纳之，或穿针引线，无中生有；或无限引申，如滚雪球。像叶德辉这样政治上总是充当进步势力的对立面，私德又确有诸多为人诟病者的“劣绅”，便无须大费周章，足以将其置于“国人皆曰可杀”的地位了。

其实所谓私德好与不好，有时实在没有一定标准。同样一件事情，便往往因人而异。叶德辉出入青楼，是生活堕落，腐朽糜烂；蔡松坡出入青楼，是为了掩人耳目，金蝉脱壳。正因为“私德”标准不一，随意性太大，私德和政治立场又往往没有必然的联系，所以人们，至少是研究者，最好将私德与政治立场脱钩，丁是丁卯是卯，不必硬扯到一起。

要说私德与政治立场毫无关系，也不尽然。在旧时代，政治上的善变，左右摇摆，骑墙派，被认为是私德不好。而恰恰在政治立场上，叶德辉的守旧是始终不变的。湖南维新与戊戌变法时，他横加反对，说梁启超等人“自命西学通人，实皆康门谬种”，说湖南维新是“毁教灭种，无父无君”的“悖乱逆谋”。辛亥革命爆发，他说革命党人是“铜马黄巾寇”。袁世凯称帝，他出任湖南筹安分会会长。张敬尧祸湘，他上书称颂张“功高尧舜，德兼文武”。直至党军北伐，因反对农运被杀。我在一篇文章《从“少人多石”到“惟楚有材”》中写道：“湖南人的‘蛮气’，体现在知识分子身上，还表现在对任何主义与学说，只要抱定信仰，就十分认真，十分投入，甚至不惜以身殉道。”在举了许多“正面”的例子后，我写道：“即如被视为保守派的叶郎园，也是死守其道，决不改其初衷。……叶的悲剧未尝不可以说乃其典型湘人性格使然。正由于湖南士人对大小事情都极其认真，且容易走极端，使得各种思潮在这里的交锋就异常白刃化，因而也就锻炼出许多不世的人才。故黄庆澄在《东游日记》中写道：‘中国之民之气，如湖南一带坚如铁桶遇事阻挠者，虽可嫌，实可嘉。’钟叔河先生曰：‘他这里讲的是认真坚忍的性格比浮华易迁的性格易于有成，但也或多或少接触到了湖南地方风气的一种特色。’”（钟叔河：《走向世界》，第202页）文中主要论述的是近世湖南人的典型性格以及成才环境；而实际上在旧道德中，独立不移是最被推崇的。抛开政治倾向不说，叶德辉是做到了这一点的。

记得多年前钟叔河先生在聊天时谈道，读书人有文人学人之别。大意是说，鲁迅周作人是文人，你祖父是典型的学人，黄季刚是学人兼文人而文人气质较重。文人往往或诗酒自娱，纵情声色，放浪形骸；或性格严峻，于人不假辞色；或嬉笑怒骂，出言狂悖。总之，为人不拘一格，其中许多人于个人操守不甚措意。学人则较为理智，较为温文尔雅，较为讲究个人操守。学人对待“性格怪异”的文人，往往加以谴责和鄙视。以此为标准来衡量叶德辉，在气质上应该类似黄季刚罢。典型的文人如米芾、李渔，他们可为人诟病的地方还少吗？如果让文人气质较重的人来治理国家，如李后主、宋徽宗，千年之后，我们只好慨叹造物错乱了他们的位置和时代！叶德辉之被杀，是否也可作如是观呢？

毛泽东在中共八届十二中全会闭幕会（1968年10月）上，

说了这么一句话："这个保孔夫子、反对康有为的，此人叫叶德辉。后头顾孟馀问我，有这件事吗？我说有这件事，但是情况我不大清楚，因为我不在湖南。对于这种大知识分子不宜于杀。那个时候把叶德辉杀掉，我看是不那么妥当。"1955年6月20日，在长沙岳麓山顶的云麓宫，毛在与我祖父以及程潜、周世钊等人聊天时，也说了类似的话。毛这里矢口不谈叶是"私德"不好的"劣绅"，只是指明叶的政治倾向是"保孔夫子、反对康有为的"。毛泽东何以要对祖父谈叶德辉呢？大概是杀叶德辉造成的负面影响较大吧；同时，也因为毛知道叶是祖父的老师。[1]

叶德辉是伯祖父和祖父的老师，那祖父和叶德辉的师生关系如何呢？要知道，是否尊师重道和爱生如子，是考察"私德"的重要内容。兄弟俩先前的老师是维新派人士梁启超、谭嗣同、熊希龄、唐才常等，祖父后来又是湖南"驱张"运动和"五四"新文化运动的骨干人物之一。维新失败后，兄弟俩一同受业于叶德辉门下，他们师生关系如何？我们还是用材料说话吧：

> 《积微翁回忆录》1927年10月31日：访日本狩野直喜、服部宇之吉两博士于北京饭店。松崎柔甫（鹤雄）托余为狩野先生购书于长沙。……捡近年来郎园先生书札，得十通，附以吴子修先生一通，付装池。

[1] 毛在这次聊天时还说，最近出了个反党集团，为头的叫胡风。祖父问，他们有多少人呢？毛答，几百人。祖父又问，他们的罪行是什么？毛答："反对我。"此事是祖父的学生廖海廷和我的大姑妈杨德娴在不同时间、地点告诉我的，说的却完全一样。他们都说是祖父从岳麓山上下来时说的。

1928年3月8日：日本盐谷节山温博士率彼邦高等学校教授多人来京，宴国学界同人于中央公园水榭。博士于清末留学长沙一年，曾屡遇之。距今十七年，非复当时惨绿少年矣。

同年9月11日：读郎园师《读书志》。源源本本，足开心胸，扩闻见。吾师版本之学信绝伦超群也。

1930年7月10日：（在日本东京）访同门盐谷节山君（温），君邀余出午餐。饭后长泽君来会，两君冒雨导余到宫内省图书寮，观所藏书。

同年7月14日：晚，文化事业部长坪上贞二君招饮于帝国教育会馆，同座有盐谷、长泽二君及国枝元治。

1935年元月21日：叶尚农来，言郭筠仙先生有日记数十册在郭绶之处，皆用家常账簿背面书之。

《积微居友朋书札》1930年3月8日钱玄同函：近为顾颉刚兄改编《疑年录》而注音事，因思近数年来学人新逝者，如南海、饮冰、别士、观堂、石庵、觯庐师及先兄等，其生卒之年为弟所知者均已加入；而郎园及鹿门两公亦应加入，然弟仅知郎老于民国十六年遇害，其生年则不知，鹿老则其生卒之年皆所未悉。意先生必能知之，幸希示下为荷。

盐谷温和松崎鹤雄都是叶德辉的学生，与祖父为同门。叶尚农是叶德辉的长子。祖父从叶德辉受业时，是很尊师的。据仓石武四郎记述，盐谷初入师门，见祖父入见叶德辉时以手击头出声，以示叩头，乃惊于中国礼仪之盛。[1] 而从上引材料看，祖父此后也并未与叶德辉“划清界限”，仍然尊师如仪。

谈到尊师，我想就一位名气不如叶德辉，在枪毙前却被救下的先生说点事。易祖洛，祖父的学生，我的老师，1939 年湖南大学毕业后任第九战区司令长官薛岳的秘书，薛岳发布的用骈文写作的文告，都是易先生的手笔。易曾对我讲了许多薛岳的逸闻趣事。1949 年易参加湖南和平起义，镇反时却被判处死刑。易的夫人朱运，其祖父为朱师晦（德裳）—— 一位打入清廷心脏的革命党人。汪精卫刺杀摄政王被捕面临处决，时朱师晦任摄政王的秘书，乃劝摄政王采怀柔政策，汪才留得一条命。易先生在狱中，按新中国成立前的老办法，找了多人营救，都不奏效；临刑前，对夫人说，快去找王老师。王老师者，毛的姨表兄王季范也。王在毛初出茅庐时于毛有恩，其子女多人又赴延安，牺牲数人。最后王亲赴刑场救了易一命。关于王如何刑场救易，颇有些令人心惊魄动的传说；因无确证，不便写出。总之，王季范那时及以后救人无数，被称为“牛鬼蛇神的保护伞”，颇受爱戴。鲁实先先生夫人陶先瑜，沦落到卖血境地；幸亏找到王季范，才安排进了湖南湘绣厂。两相对照，王的侄女王曼恬，“文革”中任天津市革委会副主任，迫害了不少人，“文革”后自杀。

何以王季范会救赎易祖洛和陶先瑜呢？何以开始易祖洛希冀用常规方法以图获救而未果呢？我们知道，从古代至清末，每家

---

[1] 桑兵：《近代日本留华学生》。

都供着“天地君亲师”的牌位，到民国便改成了“天地国亲师”，至今某些地区农村亦然。旧时老师既与双亲并列，“一日为师，终身为父”，在学生那儿便享有至高无上的地位。另一方面，老师也将学生视为自己的子弟；以儒家“亲亲互隐”之说为道德护身符，遇有学生被捕等事，必指令其他学生全力营救，必要时亲自出马。同学不管分属政治上哪一阵营（如国民党与北洋政府），一人蒙难，其他同学必须营救。全力营救者得到大家的尊敬和爱戴；拒绝营救者则为人鄙视，遇有困难，也再难找人帮助。易祖洛先生告我，新中国成立前，他曾奉王老师之命，几次营救共产党人。易的希冀用常规方法营救出狱，正基于此。新中国成立后，一方面观念急剧发生变化，一方面“营救”为党纪所不容，易的党员同学不能也不敢出面营救易了。那就只好由享有特权的王老师亲自出马了。易是小人物，而营救他的王老师则是连湖南最高当局也须毕恭毕敬的大人物，所以得以保全性命。而叶德辉是“大劣绅”，事出突然，大人物（如果有的话）也来不及说话，便只能命赴黄泉了。[1]

与师生关系的紧密以及它在人际关系中的至高地位形成对照，政治立场在人际关系中的地位便不如今人想象中的那般重要。与此相关，一方面某学生改换门庭，而前后两位先生政治立

[1] 祖父在一通致同门松崎鹤雄的书札中叙述过叶德辉遇害事：“郎园先生事，数月前即有风传，后知其不确，最近果为乱民所执。弟有家书已言之。被难之说，弟尚未直接得信。昨家兄（家兄去年来京）晤见萧子升君，云易寅村（培基）在汉口有信与萧君，已证实其事，并云易早劝先生他避，先生不肯云云。据此，事近真确，痛心之至！弟初以寅村诸君在湘，必可无事，故未缄请先生北来。乃寅村他适，湘中社会大乱，竟令先生遭此不幸，曷胜怆痛！”

场相左，该学生并不被视为“离经叛道”，另一方面该学生也不会因为改换门庭而改变对原先的老师的尊敬。伯祖父和祖父 1997 年考入湖南时务学堂第一班，是梁启超的学生。后来又从叶德辉受业，梁氏却不以为忤。1926 年祖父离开北京师范大学到清华学校（清华大学）任教，就是梁举荐的。以前家里存有好些梁写的条幅，《积微居小学述林》中也有祖父为梁启超的弟弟梁启雄的书所作的序言。从《积微翁回忆录》的记载看，祖父与梁门其他弟子关系相当密切，与梁家子弟如梁思成等过从甚密。梁启超 1929 年元月 19 日逝世，《回忆录》记载：“今日任公师病逝于协和医院，中国学人凋零尽矣，痛哉！二十日大殓，赴广惠寺参加。”同年 9 月 8 日：“任公师出葬西山，余待殡于宣内大街，参与执绋，送至西直门始归。”1930 年 4 月 5 日：“清明，偕胡石青（汝麟）、郑舜徵（晟礼）、方欣安（壮猷）同到西山卧佛寺拜任公师墓。”在与梁启超保持密切关系的同时，对叶德辉也保持必要的礼节和尊敬。《回忆录》1928 年 9 月 11 日：“读郎园师《读书志》。源源本本，足开心胸，扩闻见。吾师版本之学信绝伦超群也。”拙编《积微居友朋书札》1925 年 7 月 29 日邵瑞彭函：“久别，至念。奂老即日入都，拟住西安饭店南部，请兄二三日内到该处询问。至要！”同年 7 月 31 日邵函：“郎翁现居津法界中国旅馆。因同来子弟数人求学待款，款到即入京。决居西安南部，大约四五日内必到。最好发一电话到津询问来期，往站迎迓。弟已有函去矣。”（叶德辉字奂彬）

从积极鼓吹新文化和积极参加“驱张”运动看，祖父的政治立场显然与梁启超近而与叶德辉远，这当然不能不完全影响他和两位老师的关系。对梁，是由衷的爱戴和景仰；对叶，则是一种较为复杂的感情。《回忆录》中有一处值得重视：

> 1928年3月10日：余与国人公宴博士及偕来诸君于东兴楼。博士有诗，余依韵和之，云："十七年前几见君，故园别后感离群。今日相逢同一哭，玄亭无处问奇文。"博士贻余郎园师《追悼录》多册，内有《郎园先生学行记》，乃师门弟子所撰。昔年拟以余兄弟名印行，而家大人不允，婉辞叶氏子弟者也。师门遭难后，同门松崎柔甫曾以此文油印分布，署余名。余见之，即遗书柔甫，请其勿流布，并请削去余名。盖文中多刺讥湘中前辈语句，家大人谓极不宜也。今博士所印，已削去余名，题曰："长沙某某记。"而文中却有某以所著《老子古义》呈阅之语，则犹之未削也。博士故留此隙欤？抑偶疏未检欤？不可知矣。[1]

一面与盐谷温唱和，"今日相逢同一哭，玄亭无处问奇文"，哀悼叶德辉；一面不允在《郎园先生学行记》上署名。显然，至少在这一点上，祖父想和叶德辉划清界限。《学行记》中多讥刺湘中前辈语句，手头无此书，我猜测其中可能包括皮鹿门（锡

[1] 又《积微居日记》第46册1949年3月24日："王季思来送吴江金天翮诗文集三册，云金之弟托渠见付者，内有叶郎园师传，云据余兄弟所撰《学行记》为之。按，《学行记》系郎园师自为之。昔年伯兄以稿寄北平，云师意欲余兄弟任撰者之名，问余意云何？余以其中语句多开罪乡人之处，不欲出名，伯兄因婉谢却。大约师示金君之稿仍署余兄弟名字，金君不知，故有云也。"

瑞)。皮鹿门是近代湘中大儒，其《经学笔记》名重士林。维新变法期间，叶与积极主张维新变法的皮矛盾相当尖锐。叶借鞋业市招“股子皮梁”讥讽梁启超、皮锡瑞为“皮梁”，皮则在光绪二十四年七月初八日记中称叶“为湖南之大蠹”，“应先开刀”。而祖父对皮鹿门是相当景仰的。他的三弟季常要刻书，他即推荐皮的《师伏堂笔记》，并为之撰序，称颂有加（见《积微居小学述林》及《回忆录》1930年元月文字)。可见，师生之间，如政治立场相同或相近，固然更为契合无间，但也绝不因政治倾向相异而“划清界限”。另外，即便只从上文也不难看出，祖父对杀叶德辉，无论如何也是极不赞成的。

王闿运谈到叶德辉时有耐人寻味的一句话：“人事倚伏可玩”(《湘绮楼日记》光绪二十四年四月初一)。

恰恰在中国天翻地覆的1949年，一衣带水的东瀛日本，时年72岁的叶门弟子盐谷温与一个37岁的艺妓结为夫妻，当地报纸称之为“老健可羡”，“有乃师遗风”。第二年，叶德辉的老搭档，袁世凯称帝时与叶一同给袁抬轿子的湖南筹安分会副会长某公，出任中央文史研究馆馆长。《积微翁回忆录》1950年12月8日：“李肖聃来谈退押事；见告：京中设文史馆，乡人某任馆长。某乃妄人，不识一字。果有其事，亦足轻朝廷，羞天下之士矣！”

（原载《中国图书评论》2007年10期）

后记：

表哥楚泽涵教授面告我，他母亲彭淑端（1905 年生，楚图南先生夫人）曾多次谈到，当叶德辉 1927 年春被逮捕时，正住长沙清香留杨家的杨树达先生的姐姐杨树馨（嫁彭玉麟后人彭麟书，麟书曾在安庆巡警学堂当教官，受挚友徐锡麟惨遭杀害的刺激发病去世，杨树馨因而带着四个女儿回到长沙娘家居住，彭淑端为其长女）亲闻叶被逮捕的具体过程。杨家与叶家不远。叶在外躲避多日后，某日夜间潜回，如夫人正用铜盆盛热水给叶洗脚，叶洗完，正搁脚于铜盆两边，尚未来得及擦干，此时捕人者排闼而入；慌忙中，铜盆被叶踏翻，水流满地。姑录之以备一说。2014 年 9 月逢彬补记。

闲话鲁实先

《文汇读书周报》举办过“我所喜爱的印数很少的好书”征文，1986年湖南教育出版社刊行的拙编《积微居友朋书札》当选。印数600册，精装，3.95元，目前网上拍卖已达数百元。书中收有梁启超、章太炎、黄侃、钱玄同、吴承仕、陈寅恪、沈兼士、顾颉刚、郭沫若、董作宾、朱自清、徐特立、毛泽东等60余人致先祖父杨树达（遇夫）先生的书札188通，时间从清末到1955年。当时限于条件，未能出注，许多背景读者不甚了了。近日翻阅一过，觉得无论从背景的传奇程度，还是笔者熟悉却鲜为人知的事实的丰富与翔实程度，书札作者中的鲁实先都是值得一写的人物。另外，在2007年由上海古籍出版社刊行的先祖父的《积微居小学述林全编》一书，篇首有一《廖海廷序》，篇中有一《史记会注考证驳议·序》，我们就从这两篇序言谈起。

新中国成立后，鲁实先据说“遁入异邦”，遇夫先生咨嗟不已；这时，一位在湖南行政学院工作的廖海廷先生找到他，自称是鲁的朋友。遇夫先生与之交谈，觉得廖先生学问不错，尤其是鲁最为擅长的天文历数之学，也是廖所擅长的，于是交往日渐密切。不久，《积微居小学述林》完稿，就请廖作序，其实是想提携他的意思（廖后来评上副教授，参评成果即给鲁校勘的《史记会注考证驳议》和这篇序言）。遇夫先生还介绍外孙女新新的幼儿园老师跟廖恋爱。有时廖到岳麓山南看望遇夫先生，有时遇夫先生到山北回拜，见面必定留饭，两人每次都能吃掉一只猪肘子。一次廖来，恰好遇夫先生外出，便在书房等候；他看到桌上有一册自己校勘过的鲁著《史记会注考证驳议》，便拿来翻阅，却发现遇夫先生为该书所作序言被撕掉了。廖有些不快，心想老先生“划清界限”也太快了；但撕了一册又有什么用呢？这事很快淡忘了。不久，廖听说《小学述林》即将出版，便请求遇夫先生将手稿送他做纪念。后来，廖发现撕掉的那篇序言就贴在手稿上，并加了新式标点。

《史记》一书，体大思精，然而经过清代小学巅峰时代，仍未有全面整理它的著作问世。30 年代初，日本人泷川资言撰作了一部《史记会注考证》，至今仍被誉为研究整理《史记》的集大成之作。但在遇夫先生看来，“纰谬简陋，不足一观”，于是在 1933 年，组织清华国文系学生董同龢等，先收集资料，辑为长编，准备撰写一部《史记集注》，以取代泷川书。1937 年 5 月，收到湖南宁乡青年鲁实先寄来的《史记会注考证驳议》，指出泷川书七大病：“体例未精，校勘未善，采辑未备，无所发明，立说纰谬，多所剽窃，去取不明”。鲁对历来被视为绝学的古天文历数尤有精深研究，一时天下无双。他反复推算，指出所谓“庚辰元历”，就是春秋鲁历；贾谊《鹏鸟赋》中一个两千年悬疑未决的难题，因而涣然冰释。遇夫先生乃“谓整理史公书者今有其人，余长编虽不就，可以无憾矣”，并热情为鲁书作序：“君之立说，乍视若至可惊，有如云中天马，破空而来，不可逼视。及其广征博引，枝叶扶疏，又如钱塘江潮，万头俱至……呜呼！何其伟也！若日本国人之书者，有如秋风槁叶，分归陨落！”郭沫若读《驳议》后，也赠以《满江红》，可以和《杨序》对照：

国族将兴，有多少奇才异质。纵风雨飘摇不定，文华怒茁。洹水遗龟河洛文，流沙坠简《春秋》笔，看缉熙日日迈乾嘉，前无匹。泷川注，夸劳绩。鹏鸟赋，难分析。赖发蒙千载，庚辰元历。衡岳精灵撑突兀，潇湘风韵恣扬激。料方壶定感一声雷，震遐逖。

鲁终其一生恃才傲物，没有哪个学校、老师让他服气，管得住他，因此连个小学文凭也没得到。他乘伯父鲁涤平任浙江省主席之便，在文澜阁苦读数年，又在大江南北各大图书馆自学，并到北大等校旁听，学问突飞猛进。由于没有文凭，抗战之后，只能待在宁乡老家从事著述，并与廖海廷等朋友切磋学问。

这时遇夫先生已移席国立湖南大学，其时复旦大学内迁重庆北碚，正力争改为国立，中文系主任陈子展、文学院长章友三、校长吴南轩频频来函来电，请他前往任教。遇夫先生回湘志在培养湖湘子弟，自然不会前往；1942年7月，他向复旦推荐鲁和另一位自学成才的青年张舜徽。不久，复旦同意聘鲁为教授。当时鲁29岁，复旦人称之为“娃娃教授”，校花某小姐旋即展开爱情攻势。鲁已有妻儿，乃作《朱梅四绝》载于报端，将某小姐比作红梅，将自己和夫人陶先瑜比作藤萝；谓红梅虽然馥郁芬芳，而藤萝已结为一体。回环婉转，妙喻天成，陪都名流郭沫若、汪东、陈子展等一百多人纷纷唱和，宛然一段佳话：

> 润露和烟晕粉红，妆成辛苦待东风。传情翠羽无消息，合入青庐绮梦中。/空山水石自清华，老干疏枝放晚花。明日暖光争灿烂，应知春色在谁家。/赪颊檀心快意切，精神藻雪日清虚。庭阶未拟栽修竹，自有横窗月影疏。/暗送微香冷更清，凭栏无语泪盈盈。窥墙倘剩残妆在，惆怅人间宋广平。

鲁实先的政治倾向，是一个盲人摸象见仁见智的谜。《积微翁回忆录》1946年4月25日：“鲁实先由重庆归里，来谈，极言重庆政府之腐败。实先神采飞越，谈话旁若无人，极为可喜！”1950年初逃往香港，却连续以“乖崖”笔名发表《四川的怒吼》等一系列文章。笔者谨提供一些不为人知的事实，或许对理解鲁的政治倾向及其变化有助。

1949年4月底，正在中山大学任教的遇夫先生收到鲁妻来信，说鲁被宁乡土共拘留，请求营救。第二日清晨，遇夫先生即写信给长沙友人请他们帮忙。5月初接到友人回信，谓鲁已被释。

1980年，鲁的长子传先告诉笔者说，拘留其父的是湘中游击司令姜亚勋，姜和鲁是同学；鲁在姜的部队做师爷，为姜起草文告。大约1998年春节，曾任湖南省政协副主席的姜亚勋给笔者父亲拜年，笔者趁机问起鲁的事。姜只说了两句："他是个很有学问的人。其实他对国民党是不满的。"

《积微居友朋书札》中，收有鲁实先四通书札，其中写于1949年6月20日的一通这样写道："积微师座右：来人赍手谕，敬悉吾师为实羁留竭力申援，幸获脱险，无任感激！"（图十五）

新中国成立前夕，廖海廷任中共宁乡花明楼区委书记，鲁要求加入共产党。廖对笔者说："可惜当时我对党的政策理解尚浅，因此对鲁说：'你的出身可能有问题，入党不太方便。'"说到鲁的出身，其伯父涤平、荡平都是国民党要员，父亲渭平（渭八阿公）任旅长时参加上海"一·二八"抗战，腿受伤退役回乡。刘少奇的母亲也是鲁家人。1964年蒋介石对时任"国大代表"的鲁荡平说："刘少奇这个人我看还不错，大陆这几年在他治理下经济有了恢复，人民生活水平有了提高。"鲁荡平说："刘少奇是我亲戚，他少有大志，关心民间疾苦。"这是鲁荡平访港时告诉金石学家湖南人易越石老先生，易老先生告诉笔者的。鲁传先也曾告诉笔者，1949年8月某夜，他和父亲从湘潭步行到长沙，适逢解放军进城，就露宿在屋檐下，父亲赞叹不已。促使鲁改变想法和立场的可能与下面这件事有关。

1946年，鲁任宁乡靳江中学（今宁乡四中，在花明楼）校长。时间虽短，却培养了李泽厚、龚育之等人才。遇夫先生对鲁任职中学不以为然。1948 年 2 月 6 日致函云：“大示云当摆脱靳中，极佩卓见。人生数十年，不做最急要事而为无谓之事，耗去时间，何等不值得也！兄智已及之，望仁能守之耳。”其时有几个学生偷化学实验仪器，鲁将他们开除了。土改时，这几人中有的成了干部，便带人来抄家，适鲁外出，便将鲁的许多手稿付之一炬。鲁连忙躲避到长沙友人家中，两个月后逃往香港，盘缠用完，几乎沦为乞丐。幸遇一学生，得到资助，开始鬻文自活。得到一点钱后，托人带往故乡接妻儿来港。来人遇渭八，渭八答应转交，却用此款南行香港。其后深港通道堵死，鲁与妻儿便天人永隔。友人郭沫若闻鲁在港，来信促其北返，并保证妥善安置。鲁回信说：“今日之事，宁可南行千里，不可北返一步！”

1951 年春，鲁与父亲到了台湾。据鲁在台湾师大的学生，“新儒家”代表人物杜维明回忆，鲁老师上课最大特点就是骂国民党。

鲁实先十几年焚膏继晷殚精竭虑的结晶，成就大大超过泷川资言《史记会注考证》的《史记广注》，据解放初任县文教科长的廖海廷后来函告鲁传先，1950 年土改前夕，由“宁乡上级”指示全部运往宁乡县城，不知所终。

鲁到台湾后，先是在嘉义中学任教，两年后到省立农学院任教，然后任教于私立东海大学，最后任教于台湾师范大学中文系。据杜维明回忆，在台湾师大任教时，鲁老师谁都敢骂，大学者没被他骂过的，只有杨树达、熊十力。屈万里先生谓其“学富五车，目空一世”，可谓神来之笔；但提到杨先生时，鲁从来是毕恭毕敬称“遇夫先生”。1971 年 5 月，经过鲁在香港等地长期收集，收有遇夫先生 8 部著作共 5 巨册的《积微居丛书》由台湾大通书局出版。鲁撰《引言》曰：

> 长沙杨遇夫先生举国并崇为小学名家，民国三十年当选为部聘教授。部聘教授者，乃膺全国教授之票选，而后与其职。尔时禹域上庠，公私无虑数百，教授无虑数千，其为部聘者，仅二十八人，率为一时俊彦，而以先生为首选。斯可明先生之学，久为士林景望，固无俟赘言矣……实先过承奖掖，因得备位上庠……岁次丙申，闻先生已归道山，不胜遥寄寝门之恸。恒思整比遗书，以报知遇，以启后生，搜访有年，至今始偿夙愿。

鲁实先和渭八到台湾后都一直未婚。经济起飞时期，民众学习热情极高，求职也看重文凭，教师课业负担极重。鲁白天给本科生及硕士生、博士生上课，晚上还要到夜校上课；家中雇有白班保姆一人，夜晚渭八不适，还须亲饲汤药。鲁生于 1913 年春，到 1977 年年底已近 65 岁。长年累月课务家务繁忙，加之年事已高，遂于该年 12 月 17 日夜突发脑溢血,19 日逝世于台大医学院。31 日，下葬于南港墓园；同日，渭八逝于家中，享年 86 岁。

鲁去世后，遗稿《文字析义》等归堂弟佶昌保管，鲁的学生许锬辉、王甦、吴玙、杜松柏等欲将老师遗著整理出版，未能与佶昌达成一致。1980 年，杜松柏（目前定居苏州甪直）通过笔者联系到住在长沙市的鲁传先和鲁夫人陶先瑜，直到 1993 年，鲁传先才得以赴台接受其父遗稿，交由杜的学生陈廖安等整理出版。

笔者联系到鲁的妻儿后，才得知鲁走后，陶先瑜带着二子二女流落长沙，无以自活，有时竟卖血为生。1952 年春节前后，3 岁未满的次女丽君夭亡。1980 年鲁夫人对笔者说她曾访问遇夫先生，遇老留饭并给了一点钱。《积微居日记》1953 年 6 月 14 日记载："晨出散步，早点后访罗仲言夫人，谈陶先瑜事。"遇夫先生专访罗章龙夫人，并载入日记，应该是为鲁夫人及其子女设法解决问题。遇夫先生和毛泽东的表兄王季范是多年的老友。后来还是王季范帮陶开具了一张艺芳学校湘绣讲习班的文凭，并安排她进了湘绣厂。陶后来改嫁一位小自己 5—6 岁的南下干部，1957 年育有一子，陶的后夫与鲁同年去世。2006 年陶去世，年 92 岁（图十六）。长子传先 1957 年 18 岁时在毛泽东的母校成为右派，健在；次子绍先下放湘南江永，死于癌症；长女曼君后来也死于癌症。

《积微居友朋书札》

杨逢彬整理，湖南教育出版社，1986 年 7 月第一版

《积微居小学述林全编》（上下册）

杨树达著，上海古籍出版社，2007 年 8 月第一版

《积微翁回忆录》

杨树达著，北京大学出版社，2007 年 5 月第一版

《鲁实先先生珍藏书札》

陈廖安、蒋秋华编辑，“中央研究院”文哲所筹备处刊行，1999年

《鲁实先先生逝世百日纪念哀思录》

门弟子合编，1978年，台北

（载2008年8月9日《东方早报·上海书评》）

丹书铁券

近读刘克敌《陈寅恪和他的同时代人》，书中谈到，文史耆宿朱少滨（师辙）1951年上书毛泽东，请求帮助自己完成家学，并刊刻其祖父朱骏声的遗著。毛复函："少滨先生：九月二十九日惠书并附大作各件，均已收到，感谢先生的好意。谨此奉达，顺致敬礼！毛泽东。"1966年红卫兵来抄家，抄走了朱家历代收藏的文物字画，并扬言次日还要来运走当日不及运走的大量藏书。朱少滨心急如焚，情急之中，灵机一动，便想到红卫兵来抄家也不要紧，毛润之（泽东）主席不就是红卫兵的总司令么？他老人家的话红卫兵不能不听吧？于是他赶快把毛泽东1951年写给他的那封亲笔信用镜框装好，高挂在自家大门口。次日红卫兵看到后，果然十分惊讶：没想到这个朱师辙居然和毛主席有往来！他们不敢造次，悄悄地从朱家退出。一个奇迹就此产生：在那个疯狂的年代，很多大图书馆都遭受浩劫，而朱师辙的家藏书籍却得以完好地保存下来。

这一段绘声绘色的描述是否完全与事实吻合，不敢肯定，因为毕竟是别人转述的。无独有偶，我家也曾用同样的办法；不同的是，我家是有先见之明的，而且当年十岁的笔者亲身经历了事件的全过程。这事早就想写，今借此机会贡献出来，以存掌故。

朱少滨是先祖杨遇夫（树达）先生在上世纪二三十年代的北京一个学术团体“思辨社”的社友。《积微翁回忆录》1922 年 2 月记载，某日“丹徒尹石公（炎武）见人为余所作《韩诗外传疏证》及《说苑》《新序》疏证序文，来访。介余与歙县朱少滨（师辙）、淳安邵次公（瑞彭）相见。……朱君为允倩（骏声）之孙，著有《商君书解诂》”。尹石公在 1955 年 3 月 10 日写给祖父的信中说：“去年在杭遇少滨于湖上，步履如飞，优于往日。”（图十七）

1966 年下半年，长沙旧城区北门一带，风声鹤唳。今天听说营盘街斗死了刘少奇八十多岁的老师，明天听说住我家同一街道的董每戡被抓起来了，后天又听说刚刚来看过我祖母的李祜罗琪两口子（祖父的学生）双双上吊自杀了……但我从来不担心自家也会遭此殊遇，理由和朱少滨的一样简单，祖父是毛主席的老师和驱张运动的战友——红卫兵总不至于在红司令的老师头上动土吧。

时间约在深秋或初冬，一个晴天，位于长沙蔡锷路上学宫街（不久改名为“学工街”）一条巷四号的杨家来了个挎着双镜头照相机的男人。八伯父杨德庆将一张乘凉用的小椅子提到院子中，让太阳照在上面，将毛主席 50 年代写给我祖父的三封信拿出，依次放在小椅子上，请那人照相。每次照相都是信纸和信封并列。照出的底片长宽约二寸。几天后那人将洗好放大的照片拿来，长约六寸，宽约四寸半。八伯父将这些照片用相框装好，将其中一幅挂在堂屋里。未放大的二寸小照片则分赠诸兄弟、两个姐姐及诸侄儿侄女外甥外甥女等，以为护身符。我也得到了一套共三张，大约十年前已不知去向。第一封信写于 1952 年 5 月 17 日，信封上除印着一长方形框框外，右边偏下还印着“中国人民革命军事委员会缄”字样，上面写着“湖南大学　杨遇夫教授　毛寄”。内容是谈杨荣国事的：“遇夫先生：违教多年，最近两接惠书，甚为感谢！所论问题，先生在第二封信里已作解决，我以为取这种态度较好的。此复，顺致敬意！毛泽东。”第二封信写于 1955 年 1 月 29 日，信封上只有一长框，上面写着“长沙岳麓山至善村五号　杨遇夫先生　毛寄”。内容为：“遇夫先生：惠书及大著数种收到，甚谢！尊恙向愈，极慰。待完全康复之后，欢迎先生来北京一游。顺致敬意！毛泽东。”在“完全”二字右侧有两个圆圈，相当于着重号。第三封信写于 1955 年 3 月 17 日，信封如何已经忘记，其内容为：“遇夫先生：二月十四日惠书收读。序言已看过，并将大函转付科学院方面，请他们予以注意。此复，顺祝健康！毛泽东。”

几天后，门外忽然一阵熙熙攘攘，紧接着大门上“砰砰砰砰”地发出巨响。家人从门缝一瞧，看见一大群人，口口声声嚷着要破四旧（即抄家）。八伯父连忙拿上一个镜框，曲肱持于胸前如持红宝书状，把门打开，高呼“要文斗不要武斗”。人群中为首的一人说：“我们是来破四旧的！”说着就要带人往里面挤。

八伯父拦住那些人，举着相框高声说道："我父亲是毛主席的老师，我们最听毛主席的话。遵照毛主席他老人家的教导，四旧我们已经自己破了（这话不假，如烧了胡适等人的来信，烧了我外公送给我祖母的一套四屏的明代古画），就不麻烦你们了。"那些人一看照片，果然不敢再冲，但又不甘心就此退出；为首那人悻悻地说："毛主席写信的人多了去了，写给刘贼的恐怕更多。"话虽这样说，毕竟不敢往里硬闯了。忽然，其中一人喜形于色，好像发现了新大陆。他指着照片上的"遇夫先生，违教多年"说："伟大领袖毛主席要带领我们打出一个红彤彤的新世界，杨树达却在课堂上散布封资修的一套，所以毛主席他老人家一针见血地指出'违教多年'，表示早就和杨树达决裂了！"这下我的心提到了嗓子眼："坏了！八伯伯为什么要拿这封信呢？"其实我对"违教多年"的理解也与此公相似，只是没那么上纲上线而已。八伯父忙解释道："这封信里的'违'是'久违'的意思，'违教多年'意思就是说'多年没有得到您的教导了'，这当然是毛主席他老人家虚怀若谷，但也说明我父亲教的确实是无产阶级的东西。"经过这一番解释，一群人终于退去，而且以后也再没人来抄过家。后来，表哥对我说："这三封信就好比柴大官人家的丹书铁券呀！"

（载 2008 年 9 月 14 日《东方早报·上海书评》）

与徐复观先生的通信及其他

七八年前，我除了教学外，还在武汉大学中国传统文化中心编辑《人文论丛》。一次，去徐复观研究专家、哲学系李维武教授家谈他写的一篇徐复观研究的文稿。闲谈间，我说到80年代初，我曾与徐先生通过信。李先生很有兴致地说，因为徐先生去世于改革开放初期，大陆学人尚不及和他发生学术交往；据他所知，徐先生只是与他家乡湖北浠水的几位年纪相仿的早年友人有过书信来往；因而与大陆青年学子的通信，我这一封应是绝无仅有的，弥足珍贵。

1980年左右，也是因缘际会，我与香港大学中文系陈耀南先生得以频频鸿雁传书，请教如何做人与治学。正是通过陈先生，我才联系到鲁实先先生的学生杜松柏先生，这才使得鲁的学生和鲁在长沙的家属接上头。1981年3月22日，陈先生来函说：

再一次请您不可以“师”“生”相称，实在万不敢当。写的书有几本，但都是教学糊口的讲义，与成一家之言的专门著述，相差了十万八千里。这里一些前辈之中，饶宗颐先生博识多闻，国际上很有名气，也到过几次国内；在香港中文大学（与香港大学不同）的一位苏文擢先生，博雅深醇，经子诗文书法均臻妙境，只是香港以外知道的人恐怕不太多；另外一位徐复观先生，慧识过人，崇论弘议，忧国箴时，是我最敬佩的一位国士。他们这几位，才是真正的鸿儒！……国内情形，我不熟悉。您所说的情形，实在可惜。大抵惊弓之鸟，畏讥忧谗也难怪了。看来最根本的希望，还在于对人性的精神和中国文化传统真正价值的信心上面吧。

信写完后，陈先生意犹未尽，又在天头写道：

徐先生的言论文字，恐怕国内不能看到了。他今天到美国医胃癌。虽患绝症，健笔如常，绝无消极衰颓之态，可敬之至！

出于对徐先生的崇敬，我买了《新气功治癌功法》（郭林著）和《气功疗法趣谈》（张惠民著）托陈先生转交徐复观先生。四月下旬，陈先生来函说已航空挂号寄美国徐先生就医处。五月底，遂收到徐先生回信：

逢彬先生大鉴：由陈耀南先生转下气功治癌法两册，早经收到。深情厚谊，铭感难言。贱恙于去岁八月动手术，将胃割去大部分。此次在安德逊医院检查，明日使用最新之电脑仪器后，即可告一段落。已检查之结果，尚无滋长复发现象。然年事已高，途程毕竟有限。年来写《两汉思想史》，已印行三册，尚未告一段落。希望能再写成一册，即为万幸。

尊祖遇夫老先生到南京时曾在敝寓便餐，惜当时观尚未从事学问，未能好好请益。令尊之《列子集释》，亦曾拜读，虽不十分赞同成书年代只说，然用力之勤，实堪钦佩；现想亦七十左右，望代为侯安。

观九月左右返港，香港住处为："九龙美孚新村百老汇街 57D 十七楼"。专此，为颂

学祺！

徐复观拜上

八一、五、二一、

随信附有一篇发表于香港报刊近作的复印件，标题为"中国文学论集续篇自序"，除亲自改正错别字外，在"还因兴趣而参与过《红楼梦》的讨论"前用红笔加上了"去年印成杂文四册"8 个字（图十八）。邮件发出的地址为：F. K. Hzu 5 626 Hardwood Forest Houston，T ×，77088 U. S. A. 1982 年春节后，徐先生又寄来一函，随函附有发表于 1982 年元月 29 日（正月初五）《华侨日报》的《读〈魏源研究〉》一文的复印件，《魏源研究》是陈耀南先生的博士论文。惜近年搬迁频仍，翻箱倒箧，除此复印件外，原信及信封未能检出。

徐先生信中将我父亲的堂兄杨伯峻先生当作我的父亲了，故有“令尊之《列子集释》”云云。

抗战时，徐曾被派驻延安，时任陕甘宁边区政府主席的林伯渠在一次公开场合说了句对蒋介石不敬的话，徐要求林道歉，林未置可否。徐便开始绝食，毛泽东等党政领导均亲自劝徐进食，徐不答应；最后林伯渠做了些道歉的表示，徐才罢休。

抗战胜利后，任职委员长随从秘书，军衔为少将的徐先生受熊十力的影响，决心脱离政界，由办杂志开始，从事学术活动。他向蒋介石要了一笔钱，在南京办了《学原》杂志，由商务印书馆总经销。该杂志是一家严肃的纯学术性杂志，祖父应邀经常在上面发表古文字学论文。我手头有一份出版于1948年5月的第二卷第一期的该杂志，据其目录可略窥其内容：

> 略谈新论旨要（答牟宗三）…熊十力／泛论阳明学之分流…唐君毅／太平天国经籍考…罗尔纲／积微居金文说（三）…杨树达／帝系篇校释…周名烜／中国南部复式岸线成因一解…陈国达／汇价生产力比较说创议…武梦佐／文赋撰出年代考…逯钦立／为贾岛事答岑仲勉先生（附岑答辩）…李嘉言

以上九篇论文的作者中，只有陈国达不是从事人文社会科学研究的。他是一位杰出的地质学家，创立了“地洼学说”，“文革”前却被他的老师所打压，其学说被冠以“修正主义的地质理论”，直到外国人运用他的学说发现许多大油田，并遥封他为

“地洼学之父”，才于改革开放后大翻身。中科院在他任教的中南矿冶学院附近成立一所“大地构造研究所”，请他担任所长。在封四的下期预告中，有钱穆、牟宗三、姜亮夫等学者的九篇文章。正是缘于这一杂志，才有信中所说“尊祖遇夫老先生到南京时曾在敝寓便餐”，指的就是1948年9—10月间，祖父到南京出席中央研究院成立20周年暨首次院士大会时，应邀到徐先生家的事。

约在1982年春节后两个月，正在湘南道县实习的笔者接到陈先生来函，告诉我徐先生去世，定于某日举行追悼会。我准备去拍唁电。到了邮局，赫然瞥见一大张某人的“检讨书”贴在门首，是由于“收听敌台”。此前在《鲁实先先生逝世百日哀思录》中得知徐先生的很多往事；当时虽已春天，寒风犹劲，逡巡再三，终于作罢，至今追悔莫及！

去年在台北见到已经定居苏州甪直镇的杜松柏先生，他说，定居澳洲的陈耀南先生，最近动了大手术，未卜存亡；几天后，在鹿鸣书店见到陈著《中国人的沟通艺术》，遂购以为纪念，惟不知尚有机会与陈先生沟通否？

（载2008年12月23日《东方早报·上海书评》）

后记：

此文发表后，曾与陈耀南先生联系上，陈先生并寄赠《香港老照片（伍）——平生道路九羊肠》。我的学生陈建栋近年在悉尼科技大学攻读博士学位，已托他前往拜访陈耀南先生矣。2014 年 9 月补记。

最近购得徐先生《无惭尺布裹头归·生平》，其中《最后日记》于 1981 年 5 月 5 日、21 日两次提到贱名，荣幸之至！ 2014 年 11 月补记。

《回乡》遗漏的一次回乡

大型20集文献片《回乡》在毛泽东诞辰115周年前夕经湖南经视台热播后，引起了强烈反响。第一集记载了毛泽东1954年11月2日和1955年6月20日的两次回乡，其中1954年那次只有7个小时，是南下广州途中下车作短暂停留。其实，在同年同月，毛泽东还有一次回乡。对此，先祖父杨树达先生的《积微翁回忆录》和周世钊先生的日记记载得很清楚。《积微翁回忆录》1954年11月25日记载：

……饭后小寝，交际处朱文典科长来，云周小舟政委有事相商，特派车来迎，因同入市。到处，唐副主席（生智）、周世钊先在，久候无耗，旋附唐车至蓉园程颂公官邸，稍坐，忽执事人入报毛主席来，随同出迎。毛问尚相识否？又云："得君二信，曾作一复。"余告以后信文改会已复。旋刘少奇、周恩来亦来。少顷有人高声言毛主席请吃饭，请赴车站。遂相携至东站登车，客室稍坐，旋入餐厅。余进面包二片，鱼肉各数片。车七时开，余等下车，刘公立车门周旋。余回交际处与熊子烈处长谈。此次三公由粤来，盖布置海防也。

周世钊先生日记里说：

午饭后，省交际处电告：周政委约我下午二时半到交际处谈话。如时到达，陪交际处主任熊同志闲话颇久，唐生智副主席、杨树达馆长相继至，都不知周政委将谈何事。四时许，徐启文副主席来处，说再过一小时周政委可到。五时许周政委电话通知，要我们往蓉园，同车至程潜主席家，坐谈不久，周政委匆匆入，告程主席："毛主席来看您。"我们随程主席出外迎接毛主席，一一握手后我看见了江青同志，与之握手问好。随至客厅，方落座，外边又报周总理到，我们迎接了周总理，刘委员长跟着又到，我们又迎接了刘委员长和他的爱人。

毛主席为江青同志介绍了在座诸人后，我问毛主席健康情况，毛主席说："我是维持现状派。"说得大家都笑了。毛主席告诉我们：他今夏在北戴河海水浴后，感到游泳对健康的好处。他主张湖南省人民政府也可以开一公余游泳池。我问：中南海有无游泳池？周总理说："已经有了。"

刘委员长殷殷问及乡间情况，并告我周道老即周震麟在京安好。

毛主席向在座诸人宣布："今晚我请大家都到车上去吃饭。"乘车至东站，车厢里已安排开饭了。我入车厢见叶子龙秘书，与之握手问好，又见到罗瑞卿部长。

我和毛主席、江青同志、刘委员长、刘委员长爱人、周总理、程主席、程主席爱人、杨树达馆长、唐副主席同席。罗瑞卿部长、叶子龙秘书、周政委、谭余保、徐启文等为另一席。

据周先生日记，毛主席是5点多到程潜家的，而《积微翁回忆录》则说“车七时开”，那么这次“回乡”也许总共不到两小时，地点是蓉园和长沙火车东站，乃是布置海防后“由粤来”；那么11月2日那次是赴粤，这次则是由粤返京。

据家人回忆，毛主席一边吃饭，一边向刘少奇、周恩来描述当年驱张的情节；周恩来不断击节赞赏，刘少奇则凝神静听。席间，江青为祖父削苹果一只。饭后，由于祖父年老且身高体胖，下车不便，刘少奇早已等在车下搀扶。此时主客相继下车道别，毛主席先指指不远处正在亲热交谈的江青、王光美，又指指近处的男人们说：“这叫做‘物以类聚人以群分’哪！”祖父回家后对家人说：“我今天做了一回李太白。”

（载2009年2月22日《东方早报·上海书评》）

夏渌先生

如果一个人一生中没有遇到过高尚的人，他看到的高尚者只是在影视中，小说里；生活中只遇到说教者、庸庸碌碌者、蝇营狗苟者，那么这人不相信真有什么高尚，觉得一切都是骗人，“有钱不捞是傻瓜”，“人不为己天诛地灭”，他做错事、坏事不脸红，甚至沾沾自喜，也就不足为奇了；我们对他只能寄予同情，而未便深责！笔者何幸，一辈子遇到那么多好人、高尚的人、高雅的人、足堪为人师表的人！近朱者赤近墨者黑，笔者也应当比较高尚比较好人才说的过去；但很遗憾，检视平生，似乎离一个好人，高尚的人还相距甚远。但至少，当做了错事亏心事的时候，会感到内疚和不安，而不是感到又混过去了，甚至于暗自高兴：“又赢了一把！”

夏渌先生就是笔者一生中遇到的高尚者中的一位。

夏先生是东莞容希白（庚）先生的大弟子。他跟随容先生攻读“副博士”长达五年。

容先生抗战时未能逃离沦陷区而留在北平教书，胜利后被他一位掌权的朋友目为汉奸，容先生深以为耻。这使我想起了张自忠将军，他为了大局出任天津市长与日本人周旋，而被当作汉奸，此后张将军奋勇杀敌，时刻寻找机会牺牲在抗日战场上，以洗雪奇耻大辱。容先生洗雪耻辱的机会来得较迟——直到“文革”中的批林批孔运动，人家叫他批判孔子，于是老人在晚年发出了易水悲歌天惊石破的怒吼：“我宁可去跳珠江，也不批判孔子！”

有师如此，亲炙长达五年的夏先生为人如何呢？我们没听说夏先生有什么惊天动地的大事。他原名王先智，老家杭州，1923 年 9 月出生于上海。1937 年到了四川。后参加学生运动，并从事地下工作。写诗并主编《诗激流》杂志。以后的事即为大家所熟知。

夏先生 50 年代成了“类似胡风分子”之后，承蒙宽大，得以同时考取任继愈先生的中国哲学专业和容希白先生的古文字学专业“副博士研究生”，因“看花愁近最高楼”而选择南下广州。夏先生是拿着讲师的薪金攻读副博士研究生的，月薪相当于两三个工人的月收入。“文革”前的广州，物质丰富而便宜；师母也在广州教外语，一家五口其乐融融。中山大学古文字研究室藏书丰富。容先生劝夏先生趁着目前优越的环境，沉潜研究，不要急着毕业。夏先生为拿着国家的钱不工作而深感不安（其实作研究何尝不是为国家民族作贡献），于是来到了武汉大学，并迎来了“史无前例”。先生很快失去了教学研究的权利，开始打扫厕所。有感于许多人无便后冲厕的习惯，诗人手痒难熬，做了一首四句十六字的俚句，由曾到莫斯科大学讲学数年，后任《汉语大字典》副主编的大学者李格非教授书写："手把正拿，慢慢下拉，花花流水，然后放它。"这是诗人"文革"期间唯一流传于武大校园的一首"诗"。写诗只是业余爱好，学问还是要做的。可是那时辰做学问可是大罪过，遑论钻研乌龟壳？于是每当深夜，在牛棚的被窝深处，先生打着手电筒摹写甲骨文。这种地下工作持续几年之后，竟然装订成了几寸厚的好几大本。从读者手中这部书中，可以看出夏先生对字形的精熟，与那几年的摹写应该不无关系。雅格牌手电筒若拿夏先生此事拍个广告，不失为一个好创意，至少不比大兵照星星月亮差。诗人兼甲骨文专家，陈梦家先生是一位，夏先生是一位。陈先生惨死于"文革"，夏先生却比较健康地活了下来。个中原因，除了夏先生有个温暖的家外，与他幽默的性格不无关系。他与师母伉俪情深，有次到广州探亲，回劳改农场晚了一点，工宣队头头便在训话时训斥道："有的人就是贱，见到老婆就迈不动步。"夏先生做检讨时便原封不动地说："我就是贱，见到老婆就迈不动步。"全场大笑。他就这样"狡黠"地反抗着。

记得我刚留校时，一医生得知我是中文系教师时，问我是谁的学生。我答以夏先生。医生脱口而出："夏渌，怪人！"夏先生确实是个怪人，怪得有点"不近情理"。比如下面这件事。

夏先生有三个儿子：王五一、王五四、王五星。五一是香港的成功企业家；五四在广州一家五星级宾馆任经理；五星在美国，有四五百平米带游泳池的花园洋房。儿子们都请他去颐养天年，师母是英语教授，可做夏先生的翻译，可是我们没有听说夏先生有过出国或港澳游的经历。他常说，我不去，是抓紧每一天做学问，把“文革”等运动耽误的时间争取回来。多认一个古文字，就是对中国文化多作一份贡献。夏先生不去，师母要照顾老师，也就不方便去，即使去了，也是去也匆匆回也匆匆。夏先生不去，儿子们只好齐集武汉，五一邀请大家夜游长江，船票数百元一张，夏先生坚决不去，五一只好瞒着父亲带大家去玩。

是的，夏先生自奉甚薄。早些年，他和师母暑期自费外出旅游，就睡在由当地中小学课桌拼成的临时招待所。四年前，当我与他一道参加在荆门召开的古文字研讨会时，他病倒了。主办方要我陪同他提前回武汉，长途车到达傅家坡后，我打出租车送先生回家。后来，夏先生对我儿子说：“你爸爸真是挥金如土！”在老知识分子中，节俭不是舍不得，而是一种美德，一种高雅，所谓“温良恭俭让”，必须遵循。但先生于做学问却毫不吝惜。大家知道，古文字的书是很贵的。好多年前，先生就自费购买了一套《甲骨文合集》。当时整个武大只有两套：图书馆一套，先生家里一套。老师和师母都是高级知识分子，儿子们都事业有成，老两口不缺钱花；但他们过惯了清贫的生活，他们从不乱花钱，也从不随便收礼，收礼给他们心理造成负担。逢年过节，有时我买点水果点心去看老师，老师必定回赠，有一次竟然给了我一大函线装书，真正是“抛砖引玉”了。

这就是所谓“君子之交淡如水”吧！但在夏先生面前，我如何配称为并且敢以“君子”自居呢！

夏先生去世前一年，许多他的老熟人担心地对我说，夏先生不认得人了。于是我去夏先生家，他却一眼就认出了我，还非让我朗读“文革”他遭受磨难期间写给师母的一首情诗！这时的老诗人就像一个返老还童的小孩，眼睛和嘴角流露出他一生固有的天真烂漫。师母不好意思借故出去了。我读着读着，感到一种巨大的力量在撞击着我的心灵，体味到诗中那种超凡脱俗的美，所谓“沁人心脾”“摄人魂魄”都不足以形容那猛击心灵之鼓的巨大力量和那令人陡然腾云驾雾般的美感。

夏先生就是这样的大雅之人！近年许多小资、白领对“高雅”（或名之曰“优雅”）二字趋之若鹜，这当然再好不过了。毕竟，追求高雅胜过若干年前的以“我是大老粗”为荣。不过又有几人明白什么叫作“高雅”？是在播放着西洋古典音乐的落地窗前慢条斯理地品尝西餐？抑或一掷千金办个会员证然后动作娴熟地击打高尔夫球？最近看到薛涌一篇文章说干这些还不如卷起袖子到厕所掏掏大粪呢，我深以为然。不过我对自己有幸做过的两件“雅事”深以为荣。一是和前辈学长罗少卿先生以及师母师兄一道，为刚刚步入天国体温尚余的夏先生换上出席天堂晚宴的礼服；二是奉命为夏先生撰写讣告。

写了这么多，似乎还未切入正题。承蒙师叔向光忠先生，笃于情义，联系出版经费以及出版社；同门萧毅，深醇雅致，有感于师恩，将夏先生晚年遗稿加以整理编辑；先生遗著才得以问世。夏先生诗人本色，因而他的学术文字极富文学性和可读性，笔者反用“狗尾续貂”，姑引先生发表于《农业考古》杂志的一篇论文开头的文字来结束笔者这篇拙劣的东西：

……她刚从野地里采集回一捧捧野生谷物，边唱边跳，踏着舞步。这时初晴的太阳照耀着原野，刚被春雨滋润的大地上，留着一行一个健壮男子步行踩过的巨大脚印。天真烂漫的姜嫄，伸长她的细腿，用她的小脚踏着脚印跳跃前进。她捡的谷粒不断从她手里撒到地上，她全然不顾，沉醉在震撼她心灵的欢乐中。回到家里，采集的谷物已所剩无几，但她觉得身心起了变化，发现肚子一天天大起来，她已经孕育着一个小生命……

（附载于夏渌先生《文字学概要》书末，线装书局2009年5月版；
转载2010年10月27日《书法报》月末副刊《兰亭》）

我的四位家庭教师

我是祖母的长孙，膝下承欢，恩宠备至。“文革”中，我父母在湖南衡阳，而我经常在长沙祖母处。虽然家中因有“丹书铁券”免于抄家而不致无书可读，但无人指导，却是祖母、姑母、伯父等的忧虑所在。因此在70年代初，祖母与住在学宫街杨宅附近的何申甫、易祖洛、易仁荄三位祖父早年的学生说好，我不定期到他们家请益读书遇到的问题，他们当然满口应承。至于廖海廷先生，乃是此后不久他由宁乡到长沙杨家看望祖母时认识，后来交往较多，也就成了我的老师。所谓家教，其实是免费的；不但免费，还供应茶水点心，有时还留饭。

何申甫，名泽翰，宁乡古冲人，他本是李肖聃（李的女儿淑一比李有名）的学生，1935年春，祖父回湘度假，李为祖父引荐了申甫先生。他是在何健办的国学讲习所毕业的，又从李肖聃那学会写一手好古文和古诗，字也写得极好。祖父的《积微翁回忆录》记载，曾祖母去世，申甫先生送诔词。祖父说：“何君之辞，得其实矣。”几天后，申甫先生即带来贽礼拜祖父为师。祖父后来又说他写诗用韵“极具匠心”。抗战初期，祖父返回长沙；亲友得知清华教授回来，纷纷要求介绍学生给他们家的姑娘为婿。每当这时，祖父总是不由分说：“何申甫！何申甫！”我父亲的六舅外婆听说后，以为十拿九稳，不由摇头晃脑：“眉清目秀的好儿郎，快快招入我东床。腊鱼腊肉把你吃（文读音为‘漆’），莫要害得娘着急！”此事最终未成。不久，祖父随国立湖南大学迁往湘西辰溪龙头垴。申甫先生随同前往，在湖大旁听。后他住的学生寝室被日机炸塌，连铺盖卷也没了，祖父便让他住到了我家。祖母一向待人温厚，嘘寒问暖，自不待言。

申甫先生后任教湖南师大中文系，却住在学宫街北边一箭之地的红墙巷一处老宅。他有糖尿病，五十多岁就老态龙钟，一直活到八十八岁，样子竟然没多大变化。我当时跟他学音韵学，听得似懂非懂。他很快讲累了，然后喝茶聊天，说，当今最聪明的人你知道是谁吗？钱锺书！真是聪明绝顶，绝顶聪明！申甫先生还有一门绝活，就是吟诗。前几年，听说有关部门怕这门艺术失传，还专门为他录了音。史鹏，他的连襟，与他同住。史鹏气宇轩昂，多闻博学；当年六舅外婆若是遇见他，没准就成了。其弟史穆是著名书法家，长沙很多店家的招牌都是史穆写的。1980 年前后，申甫先生还想效法我祖父，介绍某才女还是胡林翼的玄孙女给我，只因我年少血气未定，好色轻才，故而此事未成。该才女早已是研究唐宋文学的博导，近年更成为全国师德模范，可见申甫先生眼光是何等精准！

易祖洛先生名浚源，以字行，湘阴营田人。他 1939 年毕业于湖南大学中文系，随即出任九战区司令长官薛岳的秘书，官拜上校。祖洛先生最拿手的，不是他的书法，而是骈文，真可谓天下无双。抗战时，薛岳不但战打得好，其各种文告，尤其是檄文和记功文，也相当脍炙人口，这些便都是祖洛先生的大作。当今耸立在长沙岳麓山云麓峰顶的第三次湘北会战记功碑碑文，即其一也。他后被错误处理为“历史反革命”而身陷囹圄，释放后在民办湘江中学教语文。所谓“中学”，不过是处于闹市的一幢两层旧楼房而已。直到改革开放才任教湘潭大学。师母朱运，其祖父为朱师晦——清末摄政王的秘书，卧底的革命党人。汪精卫刺杀摄政王被捕，经朱师晦劝摄政王采怀柔政策，才未丧命。她的母亲，和我祖母在周南女子师范是同班同学。

祖洛先生住在学宫街西边的通泰街上。他瘦高个，背微驼，满头银发。我跟这位老师学了什么真的不记得了。他虽穷，却一派名士风度；雅好聊天，雅好喝酒——喝白酒。所谓白酒，不仅指烧酒，而且指不必下酒菜。倒上一小杯，一边聊天，一边慢慢抿。有时有一碟花生或瓜子，有时竟付之阙如。他说在湖大时，跟老师聊天所获得的知识比课堂还多，所以和我不妨也来聊聊；又说他曾为我祖父研究《楚辞》搜集资料；又说在耒阳时，日俘见到伯陵将军（他这样称薛岳）总是敬礼；还说 50 年代初去拜访我祖父，祖父其时因手乏力而改用钢笔，又几近失明，祖母便时时为他钢笔灌墨水，可见伉俪情深云云。除了聊天，就是带我访友。访得最勤的，就是寄住在几十米外刘永湘（刘永济弟弟）

旧宅的严怪愚先生。因此我与严先生也混得很熟了。严先生是民国时期与范长江、邹韬奋、徐铸成、谢冰莹等齐名的著名记者，关于他老，我拟写专文纪念；这里只交代一件事，就是汪精卫的投敌，最开始是保密的；而最先披露此事的，就是严先生主持的邵阳《力报》。

易仁荄先生是祖洛先生的堂兄，也是以字行，也是“源”字辈。例如其弟名“庭源”，任中南财大教授，我在武大的时候，曾受托去拜访过他。仁荄先生 1934 年毕业于清华大学历史系。那时正值祖父接受陈寅恪先生建议，在历史系兼课，以躲避中文系纠纷。他毕业后，长期任教中学。新中国成立前夕，他在长沙清华中学（清华大学的一所附中）教历史，兼任总务长。他历史教得好，还很会理财。长沙清华经费紧张，他开源节流，管理得井井有条，使得清华的每年经费还略有盈余。那时我父亲和最小的伯父都在清华念书。祖父日记（未刊）1949 年 2 月 23 日载：

> 九儿学费无着，娴书来云与铁铮杂凑三十馀元，尚止得半数，馀由易仁荄担保。余为国家教人子弟，而己子不能入学，此种国家真不必存在也！

“九儿”即我父亲，所以仁荄先生既是我的太老师，也是我的老师。他貌不惊人，遇人问路时称他“师傅”是常有的事。新中国成立后清华中学与省立一中（朱镕基母校）合并为长沙一中，他即住在一中院内，在杨家东边不到两里路。那时他女儿下放新疆，很是落寞，所以欢迎我去。陋室之中，一尘不染，他用清茶糖果招待我。他虽不似祖洛先生健谈，但几句话就能把一个看似复杂的问题讲得清清楚楚。第一节课他便告诉我，人们对皇帝的称呼，汉代到隋代用的是谥号，如汉文帝、汉武帝、隋炀帝，文、武、炀都是谥号，极少有用庙号的，如汉高祖；唐到元用庙号，如唐太宗、宋太祖、元世祖。明清因为每个皇帝只有一个年号，人们便用年号称呼他们，如万历帝、崇祯帝、康熙帝、乾隆帝等，但做学问写文章却不宜用此而须用庙号。他考我清代自顺治到宣统十帝的年号，我一口气说了出来，他很满意；同时要我记住这些皇帝的庙号，如清高宗等，可惜到现在也没记全，有负他老人家。

廖海廷先生，我在《关于鲁实先》一文中有介绍，此不赘言。上世纪 70 年代初，他来拜见我的祖母时，活脱脱一个老农。祖母介绍说，他学问很好，你爹爹（长沙话，称呼祖父）很器重他。“文革”中，所见变故较多，我十二岁就患上失眠症，上床至少一小时才能睡着，有时辗转反侧通宵达旦。廖先生知道后，主动教我吐纳术。一两年后，失眠症便基本上好了。

1979 年春节刚过，祖母无疾而终。由申甫先生撰写的《悼词》末尾附有四副挽联，恰好就是我这四位家庭教师撰写的：

寿考太平年，正新岁趋承，隔世惊心弹指顷；艰难烽火日，忆辰阳投止，师门回首感恩多。（何申甫）佐先师总绝代离辞，斯为盛事；与外姑乃同窗好友，我荷高情。（易祖洛）麓山哲嗣喜从游，夙钦母氏贤明，庭训媲和熊，承欢晚见莱衣舞；蓬岛先师如问讯，乞道门生粗健，遗言犹在耳，馀年终读茂陵书。（易仁荄）廿载少登堂，喜懿范依然，温语相加同骨肉；八旬攸好德，正春风初被，师门仰止感人琴。（廖海廷）

（载2009年7月12日《东方早报·上海书评》）

宁乡洪克苏遗事

他是位小人物，不写他，就湮灭无闻了；而他值得一写。

洪克苏的母亲叫袁素，是我祖父杨树达1916年在湖南省立第一女子师范任教时的学生，她生于1900年，身材纤长而貌美，且活泼可爱；祖父生于1885年，当年恰三十出头，身高一米八几，仪表堂堂，博学多闻，中英文俱佳，为包括袁素在内的众多女生所心仪。1920年，祖父原配吴夫人去世，据说祖父有意以袁素为继室，曾携袁至家中，但曾祖母以年龄相距悬殊为由而不同意。此事已不可考，但在以后几十年中，袁确是我家常客，一家大小都熟识她。把我带大并在1994年去世于我家的老保姆何月英，就是先在袁素家帮佣，1949年袁亲自带她到我家的。

祖父与我祖母张家祓是1921年经熊希龄、程叔文介绍，在北京结婚的。

袁是湖南宁乡人，与刘少奇是好友。1922年，袁素在上海师范专科学校读书，刘少奇在沪从事中共地下组织工作，而刘的结拜兄弟洪赓飏适从日本早稻田大学学成归国，途经沪上，三人经常在一起聚会；此时刘经毛泽东的介绍，已与何宝珍结婚；于是刘撮合洪、袁恋爱。第二年，洪、袁二人在宁乡结婚。洪家祖上曾为翰林，洪家大屋是宁乡“三个半”大屋中的那半个，周长两三里，红墙之内，青瓦连亘，碧树参天，蔚为壮观！洪赓飏回湖南后，进入政界并不断得到提升，很快担任省禁烟局局长，驻节洪江；由于掌管云贵川鸦片途经湖南销往全国通路税收的征管，实际上他成了湖南最高统治者赵恒惕的财神爷。1925 年底，刘少奇在长沙被赵恒惕逮捕，洪赓飏夫妇展开了全力营救。洪家有一幅乾隆皇帝御赐的条幅，为了营救刘少奇，洪赓飏把它送给了袁素的干爹，赵恒惕手下四师长之一的叶开鑫。袁素则一面与刘妻何宝珍联络，一面与赵恒惕、叶开鑫、唐生智、贺耀祖等大佬的太太打麻将，伺机进言。经过洪、袁等多方努力，1926 年初，刘少奇终于恢复了自由。“文革”中，刘被说成是投降了赵恒惕，他的被打成“叛徒、内奸、工贼”，与此事大有关系。

1928 年，洪赓飏患背疽去世。这时，洪克苏大约只有两岁。到了 1949 年，他已是一个身材颀长的翩翩美少年，新从湖南大学毕业，妻子十八九岁，娇小玲珑，貌美如花。洪宠之爱之，无以复加。不知是否刘的关系，出身大地主的洪克苏没被斗争，夫妇双双被安排进了“革命大学”学习。在革大，公子哥洪克苏的思想显然跟不上新时代，他的妻子则进步神速，而且很快投入另一位进步神速的男同志的怀抱。于是，洪克苏疯了。他就像祥林嫂一般，见人便絮絮叨叨，以极其温柔甚至肉麻的口吻，嗲声嗲气地描述他和“我那小冤家”的爱恨情仇……

新中国成立初期，袁素生活相当窘迫，用人全部遣散，自己烧饭吃。刘少奇直到抗战初期才从湖南到延安的青年中得知结拜兄弟早已去世，扼腕叹息良久；这时刘便给袁素写信，说她既然学的师范，可以到北京学习后从事教育工作。袁到京后，刘介绍她去华北政治研究院学习，结业后，分配到武汉一师附小工作。洪克苏在那前后也在武汉工作，到底是袁为照顾洪而把他调去的，还是洪先在武汉，袁为了照顾他再设法分配去的，已无从知晓了。

洪克苏是个“狂人”，说话本没轻没重。“引蛇出洞”期间，他也“大鸣”了一把。他的荒唐言论是：“我爸妈救了刘少奇的命，刘少奇却安排我和老婆进了革大，结果，‘我那小冤家’被人拐跑了！”言下之意，刘必须为“小冤家”的出走负全责。这样，洪便成了“右派分子”，遣送回乡劳动改造。

疯人自有疯人福，至少没了许多正常人的烦恼。从 50 年代直到 80 年代，洪克苏孤独一人，挣扎在宁乡农村，居然挺过来了。从“文革”以后，我印象中袁素几乎没来长沙杨家了，直到 1977 年去世。倒是洪克苏，是杨家的常客，总是不请自来，从 50 年代到 80 年代，除了“文革”的高潮那两年，从未中断。我家客人异常多，因此我对洪的印象实际上是从 70 年代中期到 1983、1984 年的约 10 年时间才有的。在这 10 年里，他由黑发而白发，腰板由挺直而微驼；除了总是那样清癯单薄，还有一样永恒不变的是，一旦说起“我那小冤家”，那浑浊的双眼立时由昏花而变得放光，脸上也立时荡漾着与那衰老极不相称的柔情蜜意，令人心酸不已！

80年代初，洪克苏茕茕孑立，形影相吊；真难以想象，若非疯人，如何打发那日复一日的时光！记得在1983年初夏，他又来到了学宫街杨宅。那时我祖母也已去世。姑妈和老保姆善意地斥责他行事荒唐，劝他存点钱养老，洪却仍一如既往放言无忌，口无遮拦地高谈阔论。我问他“右派”问题改正没有，他说去过武汉几次，原单位早已不存，工作人员推三阻四，自己头脑又不清楚，只好无功而返。临走，洪突然嗫嚅起来，最后吞吞吐吐地求被他称作“大少爷”的我借两块钱给他买车票回宁乡。洪走后，姑妈告诉我，洪远在巴西的哥哥近年给他寄来5万块钱（不知是美元还是人民币）；另外还给当地捐钱建小学，也许是想让当地人多照顾照顾弟弟吧。洪有钱后，对乡人有求必应，很快，钱就所剩无几了；当地政府只好替他理财，量入为出，定时供给。这样，洪又囊中羞涩了。过了几个月，洪竟然专程还钱来了，这却是我没想到的。1984年后，因为我不再住老宅，1988年又到了武大，便再也没见过他了，后来听说他死了。

去年到宁乡花明楼（“文革”中我曾在此避难半年）为老保姆修坟，顺便参观了刘少奇纪念馆。看到一幅老花镜，说是袁素在北京学习结束，刘少奇设家宴款待；刘见袁老眼昏花，便把自己的老花眼镜送给了袁素；1987年，由洪克苏捐出。

洪克苏对我而言，还有另一层意义。1983年，我也遭遇波折，因而心境萧索，意志颓唐，可谓一蹶不振；洪落魄的窘状，使我猛然警醒。在此意义上，洪是我的恩人。几十年转瞬即过，遥望湖湘，衰烟蔓草之中，洪克苏不知埋骨何所，不禁悲从中来……

（载2009年8月30日《东方早报·上海书评》）

伶人周曼如杂忆

在谷歌或百度打上“周曼如”，可以发现此人名列梅兰芳弟子名录，名录上尽是梨园中赫赫有名的人物。紧挨着周曼如的，前面是罗惠兰，上世纪50年代赴朝鲜慰问，与梅兰芳同台献艺，前不久还在央视戏曲频道表演了《审头刺汤》；后面是高玉倩，即《红灯记》中的“李奶奶”；唯独周曼如踪迹杳然。

上世纪80年代初，我在长沙北区医院住院部工作。一天，看见一位穿戴整齐的老太太婷婷袅袅地朝男厕走去，便上前提醒，她嗲声嗲气并抖落出淑女动作——夸张而自然——对我说：“我是男的。”仔细看了看，“她”有胡茬子。就这样，我与周曼如成了忘年之交。当时，他是个五保户，为贴补家用，在医院做护工。周护理的尽是一些有身份的人物，例如黄兴的长子黄一欧、田汉的弟弟田洪。

周曼如的父亲是同盟会会员，湖南长沙人，他和也曾是“党国元老”的林伯渠及其堂兄林修梅是至交。和许多同盟会会员一样，早年留学日本。在日本，周父与家在大岛的一位姓“古谷”的姑娘恋爱了，并上门为婿。大约在1913年到1914年间，周曼如出生在日本，是父母的长子，取名古谷德太郎，中文名周德宽，“曼如”是后来学戏时的艺名。

岳父母过世后，周父在1928年左右带着妻儿数人回国了。在回国的旅途中，全家住在一家小旅馆。不知何故周父和旅店老板争执起来。周父大声怒喝，旅馆老板不断鞠躬，小声却很坚定地说，敝店不欢迎不文明的客人，恭请你们离开。周父气得用长沙话骂起娘来，周母则在一旁小声劝周父消消气。

周家回国后，先是住在北平。这时，周曼如迷上了京剧，拜在梅兰芳先生门下，就是这期间发生的事。周多次深情回忆梅先生对他的教诲。一次，梅对周说：“曼如，我不怀疑你热爱国剧，但你练基本功不算刻苦。学国剧由着性子来可不成，得把基础打好。”周算是个纨绔子弟，但在梅先生的督导下，总算比较成功地学成了。周以花旦为主，也演青衣。首次挂牌，便大获成功。

抗战初期，周家回到湖南长沙。不久，周曼如和他的母亲一道，被作为“敌侨”关押起来。但周是一位有影响的京剧演员，父亲又是“党国元老”，不久就都释放了。武汉沦陷后，周曼如到岳阳前线劳军。集团军总司令关麟征请他吃饭。饭后，到前线慰问官兵。他到一位团长住处，看到团长和士兵一样，穿着灰粗布军服，打着绑腿，睡的床就是几块木板搭在两条板凳上，再垫上些稻草，上面一条破了洞的草席。周曼如深受感动，晚上表演《穆柯寨》十分卖力，赢得经久不息的雷鸣掌声。

那几年，周曼如席不暇暖，在湖南各地巡回演出。严酷的战争环境，使许多妇女沦为娼妓。周将长沙、衡阳两地妓女作了比较：长沙妓女羞答答地对路人招手，衡阳妓女则指着自己下体问路人："嬲拐吧？"

1944年，长沙沦陷时，周撤退了。周家迁往老家长沙河西某村，村民担心日寇烧杀奸淫，纷纷要求周母出面斡旋，周母乃每日着和服坐在村口。一日，来了一队日军，周母上前用日语和他们打招呼，然后介绍自己，并说这村子里都是"良民"。为首的军官乃向周母鞠躬后带兵退去，以后再没来骚扰。

周曼如说他一生最怀念的人是军统衡阳站的站长。他说那人三十出头，衣着很朴素，待人很真诚；别人有难处，出钱出力在所不辞。在周的眼里，他是个完人。1949年参加起义，后被镇压。

周常常指着通泰街南侧的一大片黑瓦房对我说，这以前全是他家的。周的叔叔新中国成立前是长沙市警察局长，新中国成立后也被镇压了。周父也曾被管制，后来捎信向林伯渠陈情，才被优待。

周曼如能在这家医院做护工，大约是由于林院长的关系。林院长是位很好的老头，医术很高明；有人说他是日本人，也有人说是中国台湾人。80年代初中日友好，日本一些代表团访问湖南，有关部门邀林院长作陪，林院长也不忘叫上周曼如。周乐得撮一顿，他仗着能说一口流利的日语，对参加此类活动兴致极高。酒酣耳热之际，日本人也不再客套，便问："古谷君，您都快七十了，怎么说话还像个小孩子？"周曼如大窘。他对我说，他回国时，才十三四岁；正赶上济南惨案，国人对日本恨之入骨，天安门城楼上写着巨幅标语“打倒日本帝国主义！”哪还敢在外头说日语。在家他是长子，跟弟弟妹妹说小孩子的话那是理所当然的。

和周熟了以后，他除了回忆往事，就是带我走访熟人，例如住在医院附近中山西路的，有一位张团长，是唐生智的女婿。老两口住在一套破旧的二居室里。

周做护理，是因为五保户每月只有八元钱生活费，对于曾经挥金如土的周来说远远不够；随着年齿渐长和老关系户的逐渐凋零，请他做护理的也少了，周日渐囊中羞涩。虽然经常有些漂亮的女青年慕名请“周老师”教授京剧，但周似乎厌恶女性——一说起女人便眉头紧皱，不吝啬任何刻毒的词语——能不去尽量不去。和我熟了以后，他便时常“借”钱。通常是五元或十元。几次过后，我逐渐明白是怎么回事，也从没让他还过。作为回报，他经常请我到他家吃饭。周曼如一生未婚，是个孤老。他家住在通泰街某巷的一幢砖木结构旧房的二楼，这楼新中国成立前也是周家的，他就在木头走廊上做饭。周善于烹调，最拿手的是墨鱼炖肉。菜做好后，周通常叫上他的邻居、年龄大约三十七八的某君同吃，大约某君对周照顾不少。周做一顿饭成本不会超过两三块钱，有鱼有肉，色香味俱全。某君嗜酒，有轻度肝硬化，我一边和他喝酒，一边劝他有所节制。我父亲爱吃，听说周善烹调，便让我请他到家做了满满一桌。周做了四个大狮子头，还将牛肉切成薄片，用刀背剁几十下，蘸上馒头末油煎，色泽金黄的牛排让人大快朵颐。吃喝过后，我们请周高歌一曲，周便表演《贵妃醉酒》《宇宙锋》《凤还巢》片段，虽字正腔圆，嗓音却明显有些沙哑。《贵妃醉酒》最末有一大回环弯腰动作，周那略为发福的腰弯下去比较吃力，但他做这个动作却极为认真。周还经常到我家学宫街老宅找我，我表哥似乎对周有些印象，便去向他湘江中学的同学田瑞初求证。原来周是田的舅舅，但两家已不大往来了。周的两个弟弟慧次郎、智三郎已经去了日本，父母早已过世，在长沙的亲戚只有一个妹妹了。我大姑杨德娴，新中国成立前是湖南小有名气的京剧票友，周来老宅时，也乐得与他切磋一回。

长沙话“如”读作“鱼”，周家附近的许多小孩都叫他“周卖鱼”，有些不知情的成年人也以为他当过鱼贩子。大约在 1983 年底，周要过 70 岁生日了（不知实岁还是虚岁），我们一些平时或相识或不相识的人不约而同凑份子为他做寿，免不了要在他家撮一顿。有个男中专生囊中羞涩，乃作打油诗一首，恭恭敬敬呈上。我只记得前四句：“卖鱼太太老风流，献身舞台忘春秋。挤的是奶吃的草，如今七十大寿了。”周读后大为不快，嘟嘟囔囔：“我没卖过一条鱼！我从不近女色！我虽吃不起席面，还不至于吃草！”我们极力为之解围，引毛主席“数风流人物，还看今朝”为证，又把他比作当代鲁迅，周才转怒为喜。

当时，周一门心思想去日本，却无从着手。而前不久，我通过省政协主席程星龄（程潜的族弟）和省参事室副主任文于一（刘戡、陈明仁的参谋长，我大堂兄的岳父）的帮助将生活无着的大姑安排进了省文史馆。考虑到周年老家贫，父亲是“党国元老”，自己又是著名京剧演员，符合文史馆“老、贫、文、名

（有名气）”的条件，就建议他可活动活动进文史馆。但周虽会说日语，汉语却只能读不能写，是个半文盲，起草报告就成了我的事。后来的种种烦琐就不说了。通过关系，周终于找到了省委统战部副部长吴立民。那时我就住在统战部那院里，周便先到我家，我带他到吴的办公室。周说话清晰快捷却没有重点漫无边际，因此向吴部长陈情的事也由我承担。在吴的过问下，周进入文史馆成了馆员。每月工资有 70 多元，一旦得病，可以全报销，住高干病房。这对周来说可是一步登天了！为感谢我，周又亲自下厨，做出满满一桌。不久周又分到文史馆在桐梓坡盖的两居室新房，更是兴奋异常。

周住到桐梓坡后，离我远了，就很难见面了。大约 1985、1986 年时，我在我家附近的东风剧院看电影，散场时，忽然看见周的身影。他健步如飞，一晃就不见了，追之莫及。不久，便听大姑说周在家中突发心脏病去世；我知道时，周早已灰飞烟灭了。我不忍心周有限的事迹随着时间的流逝也灰飞烟灭，便写下这点雪泥鸿爪，以为纪念。（本文依据京剧票友、北大中文系博士生黄斌先生意见有所修改，特此鸣谢。）

（载 2009 年 11 月 8 日《东方早报·上海书评》）

“天下第一班”及其他

如果某个学校的某个班级，存在时间不到一年，它的学生却在短短十几年间两次极大地影响了中国历史的走向。那么，应该可以称之为“天下第一班”吧？这个班级，就是1897年10月（农历八月）开学的湖南时务学堂第一班。该班共有学生40人。我的伯祖父杨树穀先生、祖父杨树达先生都在这40人之内。

1954年9月2日，祖父在日记中写道：“科学社来书，欲去祭梁先生文，余主不去。以时务对中国有历史关系也。一千九百年庚子反清之役，民四倒袁之役，皆时务师生合心为之。以一短命之学堂而能有如此事业者，古今罕见也。”科学社，即中国科学院所属的科学出版社，当时该社准备出版祖父的新著《积微居小学述林》，祖父准备将30年代曾刊于商务出版的《积微居文录》的一篇旧文《时务学堂弟子公祭新会梁先生文》收入，遭到科学社反对，回信申诉，未果。直到1986年底，上海古籍出版社出版的《积微居文钞》（与《积微翁回忆录》合刊）才将该文重新刊出。该文撰于1929年2月15日，而梁任公于上月19日逝世。祖父在回忆录中写道："今日任公师病逝于协和医院，中国学人凋零尽矣，痛哉！二十日大殓，赴广惠寺参加。""(二月)十七日，广惠寺公祭，同学与者六人。""(九月）八日，任公师出葬西山，余待殡于宣内大街，参与执绋，送至西直门始归。"这篇祭文显然是为2月17日在北平的时务学堂弟子于广惠寺公祭梁先生而写的。

时务学堂的设立，是戊戌变法运动的先声——1897年湖南维新运动中最为重要的举措。梁任公1922年在长沙回忆说："当时湖南的抚台是陈右铭先生（宝箴）。他是曾文正的门生，当代的大理学家，专讲宋学的古文，气象庄严而不顽固；对于时局，很热心图谋，造成一个新局面。我们，以一群青年在他的旗帜下大活动，是很高兴做事的，故朝气很大。他有一位公子陈伯严（名三立，号散原）先生也很喜欢赞助我们，而学台系江建霞（标)、徐仁铸，臬台系黄公度（遵宪)，都是开明的。地方官如此，地方绅士则有熊秉三（希龄)、谭复生（嗣同)、皮鹿门（锡瑞)、欧阳瓣姜诸先生。熊、谭皆系青年，而有猛进精神，皮和欧阳都是老先生。"

湖南时务学堂从创办到停办，历时不到一年，只招考过三次。光绪二十三年（1897）农历八月二十八日，第一次招考，录取学生40名。次年（1898）3月，第二次招考，录取55人。闰3月，又录取98人。三次招考总数不到200人，却培养出了一批杰出的人才，其中大多集中于第一班的40人中。梁任公曾说：

“时务学堂曾办了三班，第一班四十人吃我的迷药最多，感化最深；第二班，我也教授过；第三班，我全未教过。”

我们先看看教师阵容：熊希龄为提调（校长），中文总教习为梁启超，西文总教习为李维恪，中文分教习有谭嗣同、唐才常等……

再看看这一班的学生。1897 年秋以第一名考入的是李炳寰，1876 年生，1900 年参与领导时务学堂教师唐才常发动的自立军反清起义，牺牲。唐才常的两个弟弟才质、才中都是第一班学生，也都参加了其兄发动的起义。才常、才中牺牲，才质幸免。第二名考入的是蔡艮寅，1882 年生，他就是“再造民国”的蔡锷将军。1915 年 8 月底，梁启超发表《异哉所谓国体问题者》，反对袁世凯称帝；该年年底，蔡松坡潜走云南，发动起义。说 1900 年自立军起义、1916 年讨袁之役“皆时务师生合心为之”，良有以也。此外，范源濂（字静生）是北洋政府教育总长、北京师范大学首任校长，祖父杨树达先生是中央研究院院士、中国科学院学部委员。

祭文中写道：

> ……礼延我师，自沪而湘。济济多士，如饥获粮。其诵维何？孟轲公羊。其教维何？革政救亡。士闻大义，心痛国创。拔剑击柱，踊跃如狂。夫子诏我，摄汝光芒。救国在学，乃惟康庄。……天祸中原，变起帷墙。清廷反汗，亿兆骇惶。仓皇违难，托足扶桑。言从我师，先后来航。拳乱欻兴，举国彷徨。九天将

裂，大难孰当？投袂誓师，实惟浏阳。李田林蔡，先赴后僵。匹夫任重，爰有国殇。辛亥功成，斯是滥觞。爰暨丙辰，巨憝自王。松坡崛起，折彼鲸狼。温温范君，邦教是倡。民智之兴，厥绩煌煌。……蔡范云殂，薄海所伤。如何不吊，复遘兹殃！士失厥宗，邦丧其良……

“天祸中原”八句指西太后发动政变捕杀维新党人。政变后，谭嗣同被捕就义，梁启超东渡日本。1899 年，第一班蔡艮寅、李炳寰、田邦璇、林圭、蔡仲浩、秦鼎彝、范源濂、李群、周宏业、唐才质、陈为璜等十一人东渡，追随老师，是为“言从我师，先后来航”。“拳乱焱兴”八句指自立军反清起义，“浏阳”指唐才常，他是浏阳人。“李田林蔡”指时务学生在是役中蒙难的李炳寰、田邦璇、林圭、蔡仲浩四烈士，他们都是第一班学生。是役，东渡十一人中有八人牺牲。蔡锷逝于 1916 年末，范源濂逝于 1927 年末，另有一人至少在 1922 年前已经病逝，东渡十一人都死在了老师之前。多么悲壮的“白发人送黑发人”！1929 年初梁任公又逝世，所以说“蔡范云殂，薄海所伤；如何不吊，复遘兹殃”。祖父在回忆录中写道：“(1927 年 12 月）廿五日，赴天津，吊范静生之丧，且唁旭东。旭东悲伤哽咽，余亦凄然泪下。静生为人公正，尽心教育，数十年如一日。数周前，余尚与晤谈，忽而有此，尤可痛悼！便访任公师，师面色苍白，令人忧虑。”范旭东是范源濂的胞弟，1910 年在日本京都，祖父与他曾同住在一家小旅馆。那时他就读于京都大学，学习化学，后来被誉为我国民族化学之父；曾设厂塘沽，聘侯德榜为总工程师，生产红三角牌纯碱，领先国际，在美国费城世博会上获得金奖。

毛泽东曾在《湘江评论》撰文说：“戊戌政变，陈宝箴走，谭嗣同死，梁启超逃，熊希龄革掉翰林，康圣人的著书，一大堆在小吴门外校场坪聚烧了。于是时务学堂倒了。”但是，“湖南之有学校，应推原戊戌春季的时务学堂。时务以短促的寿命，却养成了若干勇敢有为的青年。”

1922 年 9 月 1 日下午 4 时，梁任公在湖南省立第一中学讲堂演讲：

> 此回来湘，有一最新之感慨，即予在时务学堂时为二十五岁，今年恰五十岁，是半生之中心点，适在湖南。今岁又来湖南，殊为巧合，故予十分愉快。但又因此发生许多感慨。予在时务学堂日，一班四十人中，有十一人随我俱去……至今十一人中惟范静生一人，我不禁心生悲绪……我与湖南有最深之历史，自有最大之希望。今日得见诸君，正如二十五年前所见之时务学生，生气勃勃，大有希望。
>
> 其中有十余人，要到日本来找我。因为家庭不许，他们差不多带宗教性质的，与家奋斗，借钱逃出来。有的到上海，便无钱吃饭的，有的衣服破烂好像叫花子的。当他们出门时，他们不知我在日本何处，一直跑到上海，打听了我的住址，通信告我，我就想尽方法筹钱接到日本，日间尚住在一间房子。继续讲时务学堂的功课外，又学学日本文，晚间共同睡在一个大帐子内。过了

八个月，唐拂尘先生在汉口图谋革命，十余同学，回汉帮助，竟不幸死难者八人；余三人，一人后来病死，一人是蔡艮寅，一即范静生。吾党元气，在这一次损伤甚大，至今思之犹觉恸心。

在这次演讲中，梁先生说："当时时务学堂学生四十人中，最大的是戴修礼，最少的是蔡艮寅（即松坡，就是今天葬于岳麓山之蔡锷）。所讲的经是《春秋公羊传》。"这里梁任公有误记。40人中，年纪最小的不是蔡松坡，我祖父要比蔡小3岁。蔡与伯祖父都生于1882年；祖父生于1885年，当年虚岁13。但梁先生只是说蔡锷是第一班最小的学生，后来吴其昌写《梁启超传》又说蔡锷是时务学堂最小的学生。时务学生中，已知曾任黄埔军校教育长、代校长的方鼎英生于1888年，比蔡锷小6岁，但方不知是否第一班学生。二十几年前，编写《湖南省志·人物志》的黄斌老先生曾向我询及蔡锷是否时务学堂年纪最小学生，我将此事告知了他。祭文中的"其诵维何？孟轲公羊"可以和"所讲的经是《春秋公羊传》"相印证。祖父抗战时著《春秋大义述》，宣扬民族大义，主要就是阐发《公羊传》。其源头，还是要追溯到时务学堂和梁任公的讲授。

祖父一生与时务学堂有很大关系，特举其荦荦大者：1919年参与驱张，到北京请愿，看到大学教师有充裕的时间著书治学，心生羡慕。次年，范源濂任教育总长，于是在8月底再游北京，想谋个教职，这一待就是17年。1924年春，范源濂新任北师大校长，适国文系主任章某辞职，范力劝祖父继任，祖父推辞不果，只得上任。《积微翁回忆录》：“（1925 年 1 月）与师大同人谒段祺瑞执政，请挽留范静生校长。时范以经费无着早辞职也。后随同人赴天津谒范君，请其复职。范君坚持不允。时任公师在津，余便往谒谈。”1926 年 6 月，又因梁任公的介绍，祖父到清华大学任教至“七七事变”之后。1921 年祖父与祖母的结合，时务学堂提调熊希龄是女方介绍人。熊曾任财政总长，1913 年任内阁总理，而祖母的父亲张训钦先生历任财政部库藏司长、财政部次长。他与熊希龄关系密切，熊去世后，曾尽力帮助熊夫人毛彦文维持香山慈幼院。而祖父与陈寅恪的友谊，也与时务学堂有莫大关系。1942 年底写给陈的一首七律的颔联为“一别五年萦梦寐，辱知三世岂寻常？”后句的小注：“君先德中丞公甄录时务学堂诸生，先兄及余皆与其选；而校阅文字者，散原公也。”

2004 年夏，我回长沙。某日湖南文史馆名誉馆长，九十五岁高龄的陈云章老先生约请钟叔河先生（钟先生的父亲也是时务学生）、我父亲及我到他位于中山西路三贵街的府上做客。陈家院门朝东开，正对院门的西墙上，赫然耸立着一座“时务学堂碑坊”，嵌着的四块碑中，北边第一块上面刻有梁任公手书的“时务学堂故址”六个字（图十九）。陈老先生说，1922 年梁先生到长沙，到时务故址凭吊，回住地后写下这六个字，并请陪同的仇鳌等将此六字刊刻在建于时务故址的泰豫旅馆。后不知何故未果。抗战胜利后，作为实业家的陈先生用几担米换来梁先生的手书，又买下时务故址建住宅，前几年便建了这座碑坊。陈老先生的尊人是湖湘耆宿陈天倪先生，天倪老与祖父友善。自然，我们在碑坊前留影纪念。

在陈家客厅，钟叔河先生感叹说："长沙之所以成为首批国家级历史文化名城，不在于有多么辉煌的古代历史，而在于有多姿多彩的近现代史。可是现在到处都立有朱熹、张栻、辛弃疾的塑像，而像时务学堂这样对中国历史有重大影响的学堂却无人问津。我以为可以在湘江风光带上树立一座梁启超在时务学堂讲学的雕像，蔡锷、范源濂及你的祖父等围坐在旁边。"80年代中期我曾发表过一篇探讨何以湖南近现代政治军事人才大量涌现的论文，因而深有同感。令人兴奋的是，当地政府似乎已逐渐认识到这一点，近年中山西路上修了一座小小的时务学堂旧址的标志，兴汉门十字路口也修了一座蔡锷骑马舞刀的铜像，黄兴路步行街更是耸立着一尊黄克强的巨大雕像。至于梁任公讲学时务学堂的雕像，也许不是遥不可及的事了吧。

回去的路上，钟先生在车上对我说，你不能光做学问，也应该写写你所知道别人却不一定清楚的那些往事。这是很有价值的。今天写下这些，也算对钟先生有了一点交代。

（载2011年4月24日《东方早报·上海书评》）

点点滴滴忆大师

我初识张舜徽先生，是1985年5月在长沙潆湾镇枫林宾馆先祖杨遇夫先生诞辰百年纪念会上。此前我已读过先生的《中国古代史籍校读法》，此时便不肯放过这一当面请益的好机会。先生似乎也很欣赏我，让我和他及周大璞先生同居一室。当时他听说党国元老徐特立先生去世后，家属将全部藏书捐献给湖南省图书馆，省图开辟专室典藏。张先生对我说，他过世后也希望照此办理，后来又当着我的面把这一想法对与会的省图刘志盛先生说了。第二天，刘先生安排专车接张先生去省图参观，张先生要我一同前往。在省图，先是参观了徐特立先生藏书的专室，所有藏书都放置在安有玻璃柜门的书架内，门上有锁。我在书架上看到了先祖送给徐先生的《中国修辞学》和《积微居小学述林》。前者的《序言》中有“今年夏间，老友徐特立君返湘，从湖南大学书库借读此书，谬以为有合于辩证法，亟称其美，客座漫谈，公会宣讲，誉之不容口”的描述。张先生在书架前逡巡良久，翻阅了几种藏书；刘先生乃言，如先生将来捐书，也开辟同样规格的专室。张先生欣然同意。先生过世后，家属遵其遗愿，将全部藏书捐给了湖南省图书馆；省图也开辟了专室典藏。我近日在“豆瓣社区”上看到一篇文章：《追忆张舜徽先生与湖南图书馆》，所述与我的回忆微有不同。如先生有将自己的藏书捐献湖南图书馆的愿望，文章说是1988年，较我的记忆为晚。我想，刘志盛先生应该能够记得此事。

那时我已毕业于某医学院，在湖南省委党校学报任文史编辑。亟欲治学有以自立，而每碌碌于工作家事难以守恒。一日读书，有文章言先生常以“攻书如克名城”自励。于是不揣冒昧，给先生写了一封长信，希望能赐此六字悬于案头，以为激励。不久，先生寄来一封长信，工楷数页，勉励有加；并作字一幅，从右往左横书“攻书如克名城”六个手掌大的篆字，左侧几行小字云：“逢彬同志嘱书此六字以自勖，毅翁张舜徽”。我想，先生在其名讳前冠以“毅翁”，也有激励我持之以恒的意思。

不久，有人来访，来者手持张先生介绍信，他就是桂胜兄。桂兄那时是前往湘潭大学就读古代文学研究生途经长沙的，他后来考取张先生的博士，成了先生的高足。我在省委党校与湖南财经学院（现并入湖南大学）交界处大坳的家中做了几个菜和桂兄一块儿喝了几盅。这点不上档次的酒和饭真是值得，后来到武汉，经常到桂兄华师一附中的家中蹭饭吃，每次桂兄亲自掌厨，桂嫂小顾则当下手，经常做出一大桌色香味美的菜肴，让我总是酒足饭饱而归。这也是托了先生为之介绍的福。

桂兄来访后又过了一段时间，我考到武汉大学中文系读研究生。武大离先生供职的华中师大不远，我得以经常登门请教，成了先生家的常客。先生住华师西南门口的一套三室一厅套房，从厅里可以直接看到书房。书房中一张躺椅，是张先生治学读书的小憩之处。四壁都是书柜，书架塞得满满的，桌上也堆着书。走廊上也有几个大书柜，使得走廊十分狭窄，不能两人同时穿过。书房里挂着几幅郑板桥的真迹。厅中一幅镜框中整齐排列着约20张同样大小的四寸半身照片，看得出来，每张照片隔着三四岁，记录着张先生几十年的不平凡岁月。我到张先生家，每次师母都做好吃的招待我，最不济也是蛋糕加白木耳莲子羹。有次张先生还设家宴招待我，全家十几口人济济一堂，煞是热闹。席间，先生在武大物理系任教的儿子君和回家，先生又起身介绍我和他认识。改写一段先生描述我祖父的文字——老辈谦抑之诚，至于如此，非小子所敢受也。

先生师母不但对我优渥有加，对素昧平生的我带去的同学也同样热情。我的两位同学——王新武、赵学清仰慕先生，我便分别带他俩拜会先生。先生得知新武爱好字画，便很谦虚地向他请教如何辨别真迹和赝品。学清热衷锻炼，长得像一尊铁塔，先生一见便操着十分浓重的沅江腔打趣说："总有一百五六十斤吧！"

有件事我印象十分深刻。一天我正和先生隔着茶几而坐，喝茶聊天，来了一位面黄肌瘦五十来岁的先生，他是来谈晋升副教授事宜的——那时节升个副教授还要挤破头。我见有客来，还是位长辈，就自觉让位给他，坐到对面椅子上去了。这位先生的一番表达至今令我记忆犹新：“张老，我是来讨一碗饭吃的，讨一碗冷饭吃，讨一碗冷稀饭吃！”这时，张先生站起来为茶几上的半杯茶续水，那人连忙起身，诚惶诚恐地说：“张老，我不渴！”先生忙解释：“我给小杨续水。”一时我真有点无地自容。那人走后，张先生说：“可怜！我得帮他说说话！”

己巳年夏，先生常嘱我处处小心谨慎，爱惜身体，切莫因一时之愤而致无妄之灾。有次我离开时，先生一反常态地硬要送我到华师正门，在反复叮嘱许久后才离开。后听同学张杰（欧阳桢人）说，不久后每天都有几个人来先生府上，软磨硬泡要先生表态，先生乃卧在书房那张躺椅上，双目紧闭，一言不发。好几天过去了，来人终究没要到他们想要的东西，只得悻悻然离去……

90年代初的一次，我去先生家，先生不在，师母消瘦了许多，她说最近有些不舒服，喝红茶菌以养生，还盛给我吃了一碗，这算是“招待最不周”的一次。离开后，我想起师母消瘦的面庞，隐隐感觉不妙，不料不久后师母就过世了！据说，按沅江风俗，结婚60周年的老夫妻，要回老家举行一个盛大的仪式来纪念——二老都穿着红衣服，接受晚辈叩拜，还要坐轿子四乡八里巡游。先生与师母已经计划好回沅江举行这一仪式，不想临行前不久师母身体欠安，终于未能成行。为写这篇文章，我专门上了一下沅江网和南洞庭论坛，想在上面找找先生的痕迹；很遗憾，真是水过无痕！不但没有先生的痕迹，连一点文化的痕迹也没有。头条新闻是“中央电视台《走遍中国》摄制组来沅江采风”。我点击它并在“发表评论”的框子里写下“应该写写张舜徽先生”然后点击“发表评论”。不想蹦出十个斩钉截铁的大字：“系统已经禁止评论功能！”无语！这是大师家乡的风貌吗？

那时，我已留在武大中文系任教，抽空去看先生。先生子女都很孝顺，正积极寻找保姆来照顾先生。那天去时，先生正在为他人作字。他说，师母去世后，自感来日无多，以前答应为人作字，欠下许多字债，赶紧写完，以免食言。我看先生未免力有不逮，有些心酸，忙给先生研墨、牵纸，忙乎了好半天才离去。我劝先生量力而行，不要太累，并说要常来看看。岁月如梭，逡巡未果，一晃两个月过去，我又要备课上课，又要带孩子，就没有抽空再去看望先生。一天到系里竟然听人说先生去世了！真是惭愧极了！

先生过世后，他在武大物理系工作的儿子君和所患尿毒症也未见好转，靠着透析维持生命。君和兄告诉我和王余光兄，母亲没工作，父亲为给他治病花去了许多积蓄。他想趁着还能工作，想整理父亲的遗稿，再写点东西纪念父亲，希望余光兄和我能帮帮他。自然，我们都一口应承了。以后数周，我和余光兄经常从湖滨到东中区君和家中谈事。惭愧的是，我所做的实在太少了！

先生去世后，我写了一副挽联，送到华师。远谈不上工整，聊表哀思而已：跨海方期吊鲁公，先生又逝；攻书正望窥堂奥，立雪何门。下面还有两个注释：一为“五十年前，重庆复旦大学函请先祖遇夫先生前往任教，先祖以路阻且长，因推荐舜徽师伯与鲁公实先往任教授，时二公皆一无资历，二无学历也。鲁公于1977年逝世于台湾师大，台师大拟于本月召开纪念会，余亦被邀参加”。一为“六年前，舜徽师伯以攻书如克名城条幅见赠，盛意拳拳，无任感戴。亟欲奉手问字，列位门墙，而因循未果”。限于注释体例，不能太长，这里稍加补充。先谈注释一。先祖杨遇夫先生推荐先生前往复旦大学任教事，除家中长辈口耳相传外，还见于《积微翁回忆录》。1942年7月23日载：“陈子展昨来电请任复旦大学教授，今日复书辞不能往，介绍鲁实先、张舜徽二君。”我曾在《东方早报·上海书评》发表过一篇不短的文章《关于鲁实先》介绍这位未曾有中学毕业文凭全靠自学成才的学者，他的经历与张先生颇有一些相似之处。而先祖未推荐他人，只推荐这两位青年学者，事实证明，可谓独具慧眼。至于注释二，是当时我亟欲继续深造，想考先生的博士，先生推辞再三，此事终于未果。次年，我的师弟范新干想考先生的博士，先生与新干素昧平生，初闻此事，即一口应承；新干习德语，而当年华师不拟开考德语，先生还专门前往研究生部为之关说。听说周祖谟先生、钱剑夫先生的子弟想考先生的博士，均被婉辞。我想，这是先生严于律己而避嫌疑的缘故吗？大约不是。否则当年先祖举荐先生又何以不避嫌疑呢？但可以肯定，先生此举，一定是为我着想之故。但何以出此，望先生的研究者注意及之。

现在为纪念先生而摇笔成文，真是百感交集！当时拜访先生，完全出于至诚，所以也从没想到要拍照什么的。现在要找一张这样的合影而不可得，虽然不无些许遗憾，但先生的音容笑貌，总是荡漾在我心中，激励我以先生及其他我曾亲炙的硕学大儒为榜样，在当下这个浮躁和一切以实用主义为尚的工具理性的滚滚红尘中，尽量保持一点理想主义色彩，这，恐怕是比单纯写篇文章纪念纪念回忆回忆来得更有意义吧！

（载《张舜徽百年诞辰纪念国际学术研讨会论集》，华中师大出版社 2011 年 6 月版）

严怪老杂忆

1983 年是我一生心境最为低沉的一年，为了减压，我四处游荡，包括探访祖父的学生，他们又带着我四处访友，这样，我就有幸认识了我国八大记者之一的严怪愚先生。

我家住在上学宫街，上学宫街下学宫街往西通往湘江边的延长线叫作通泰街。陈寅恪先生在给我祖父的信中说："弟生于长沙通泰街周达武故宅，其地风水亦不恶。"所谓周达武故宅，后被周达武的儿子朱剑凡"毁家兴学"为周南女子师范，先祖母张家祓即周南第一届第一名毕业，她老的毕业证书因此也是周南历史上的第一号毕业证书。新中国成立后一段时期，周南改名长沙四中。祖父的学生，也是名将薛岳秘书的易祖洛老先生就住在通泰街通往周南后门的一条狭而短的巷子里。出巷子口来到通泰街上，再往西几步，有家朝北的小院，据说是词学大家刘永济弟弟永湘教授的旧宅，严怪愚先生就寄居在这院东首的一间平房里。

那天大约是初秋的某日，易老先生正就着几颗花生米喝白酒，一边喝一边高谈阔论。说什么围吉子卖国，将来我死之前再告诉你。又说蒋介石最爱听贺绿汀作曲的《大路歌》（实际是聂耳作曲），所以有次蒋到长沙银宫影院演讲，某人便组织乐队演奏《大路歌》以获欢心云云。我实在很诧异。要知道，《大路歌》是“文革”中解禁的五首“革命历史歌曲”之一呢。说到这，易先生把桌子一拍，说：“严怪老你认识吧？他就是贺绿汀的学生。我带你去见他。”

半分钟后，我们已在刘家院那间平房落座了。严怪老消瘦清癯，小平头，尖下巴，比网络上那张摄于1980年的照片瘦了许多。但最震撼我而令我记忆犹新的是他那双闪耀着智慧光芒极具穿透力的炯炯有神的眼睛。他紧握着我的手又使劲摇了摇。这就是那位首先报道汪精卫叛变投敌的严怪愚先生吗？这就是写下了那篇脍炙人口的《草色遥看近却无》而令白崇禧勃然大怒的八大名记之一的严怪老吗？在这贫民聚居的熙来攘往的闹市？在这家徒四壁的潮湿水泥地房中？

谈着谈着，就说到“文革”挨斗上去了。想着严怪老如此单薄的身体，不知如何挺过那火红的年代。严怪老淡淡一笑，说很多人最受不了的是昔日的同志把自己当作敌人，有口莫辩，所以充满委屈，万分痛苦。而我，挨斗时就像看“猴子把戏”。那些人在台上声嘶力竭，手舞足蹈，跳来跳去，不比猴子把戏还精彩么？猴子把戏还没看够，批斗会就结束了。我那时年轻不知深浅，就问：“那和阿Q精神有什么不同呢？”

怪老很认真地说：“当然不同。阿Q至死都是糊里糊涂。那些跳来跳去斗别人的人又不如阿Q了。阿Q至少还在糊里糊涂地思想，那些人根本没有脑子，所以说是‘猴子把戏’。我则洞若观火，清醒得很；看见那傻乎乎的样子，实在忍不住想笑，只好用咳嗽来掩盖。”

我对怪老的名字感兴趣，不知轻重地问道：“您的名字是您自己取的吗？”怪老莞尔一笑：“也算别人取的，也算我自己取的。”他喝口茶接着说道：“我本名叫作严正，年轻时邵阳当地一些豪绅不喜欢我，说，这姓严的又刁又滑，像条鲇拐子鱼——就是鲇鱼。邵阳话严、鲇同音。既然他们对我又恨又怕，我就干脆叫‘鲇拐子鱼’——‘严怪愚’好了。”

怪老知道我学中医以后，就向我借阅《黄帝内经》《伤寒论》等。后来因为借书还书的事，我单独又去见过怪老若干次，每次他都让我坐下谈谈，问问外边的情况；也和易老先生一道又去过。这样，我就对怪老有了个初步的了解。

怪老一生最引起轰动的，是在全国首先报道汪精卫叛变投敌的事。1939年底汪精卫投敌，在1940年春的陪都重庆精英人士中已经是公开的秘密，只是惮于臭名昭著的新闻检查制度，各报都不敢做出头之鸟。这时，老友范长江找怪老商量，认为邵阳小地方，尚无新闻检查，可以率先披露。当晚，怪老就写成《汪精卫叛国投敌前后》一稿，连夜通过电报局发往邵阳《力报》。主编陈楚收电后，翌晨即在头版刊登出来，称：“汪兆铭先生倡导的和平运动，是公开投敌的可耻勾当，也是片面抗战路线的必然趋势。日寇在华进行政治诱降，看来已初见成效，国人切不可闲闲视之！”

《力报》的捷足先登，可谓石破天惊，一鸣惊人，发行量迅速由原来的3000份猛增到12000份，怪老也因而赢得了“新闻勇士”的美誉。《力报》创刊于1935年的长沙，是怪老与好友康德、冯英子合办的。怪老任副刊主编兼采访部主任。《力报》开办不久，便与湖南《国民日报》打了一场笔战。当时各省都有国民党机关报，都叫《国民日报》；为了区别，前面便冠以省市名称。1936年10月19日，鲁迅先生去世，《力报》刊登了一系列悼念鲁迅的文章。11月2日，段祺瑞去世。湖南《国民日报》副刊主编壶公（罗心冰）写了篇《鲁迅、段祺瑞遗嘱的评价》，说段祺瑞“公而忘私”，鲁迅“私而忘国”。怪老立即在《力报》刊文反驳，说段祺瑞如果是“功在民国”，那么鲁迅则是“功在国民”了。这是怪老的初试锋芒，当年他25岁。

其实早在抗战之初，严怪老就与范长江、徐铸成等一批青年记者在烽火漫天的最前线坚持了两个多月。他采访了台儿庄战役，与五战区司令长官李宗仁将军抵足而谈，写出了《凭吊台儿庄》《陇海东线》《我们新的长城——黄河防线》等十余万字脍炙人口的战地通讯。

1939年秋，日寇入侵桂南，大战随即展开，怪老赴战地采访。当时广西号称“三民主义模范省”，有“国防强大”“建设繁荣”“道德高尚”三大成就。到了广西，怪老感觉与报上宣传的相去甚远，名作《草色遥看近却无》便诞生了：“广西的国防确实很强大，省城桂林有一架进口的暂时还不能起飞的军用飞机足以证明；广西的建设确实很繁荣，不睁开眼睛就看不到衣衫褴褛的难民流入湖南；说到道德那就更高尚了，要在离城三五里的偏僻处才可以看到暗娼和抽大烟的。如此‘模范省’怪不得闻名遐迩了。”这篇文章在桂系大佬李、白、黄那里有何反应，不得而知。只是，1947 年初，怪老在上海参加完民主同盟举行的反内战大会后刚步出会场，一辆军用吉普车停在严怪愚面前。原来是白崇禧，他要邀请怪老到多伦路口他家去做客。怪老曾经对我说："我怕是鸿门宴，不敢去；其实他未必想害我。”白崇禧见怪老推托，也不勉强。

这是我最后一次见怪老时听他说的，那次是和易老先生一道去的。1940 年薛岳以“内部复杂”“言论荒谬”为由，将怪老逮捕，关押了 8 个月，并查封了《力报》一段时间。而现在经常陪伴他的，竟是薛岳的秘书。造化总是这样弄人。这次易老先生说他在耒阳九战区司令部的时候，经常看到日俘肃然向薛岳敬军礼。又说 1944 年豫湘桂战役撤退时，薛岳下令将一批日俘处决了。

第二年春寒料峭的时候，怪老去世了。追悼会规模宏大，要到一定级别才能参加，我是不够资格的。怪老生命的最后 30 年可谓“凄凄惨惨戚戚”，追悼会却如此隆重。这是怪老之幸呢，抑或不幸？据参加完追悼会的人讲，有位老先生也来了。1948 年，怪老得知南京密电抓捕湖南新闻界几个“共党分子”，他急忙报信，见他们盘缠全无，就去求助一个有钱的老同学——该同学前不久还挖苦怪老办报“为的是过社长瘾”。怪老一怒发誓说：“我严某如果再向你要一分钱，就是混蛋。”这次又向他讨钱，尴尬可想而知。怪老在那家门首徘徊良久，一咬牙进去，弄到100银元分给难中的朋友，参加追悼会的老先生乃其中之一。此公60年代成了怪老的领导，而怪老是单位被管教的“右派”分子。但不知为什么，每次摘帽名单都没有怪老。不知参加追悼会时，这位老先生作何感想?

（载2011年6月26日《东方早报·上海书评》）

壬辰江陵端午祭亲历记

2012年6月22日（阴历五月初三），我应梁东淑教授之约，到首尔教育大学附近午餐。因这里距首尔高速长途汽车总站只有一站之遥，我决定饭后去江原道江陵市看久负盛名的端午祭，以此来度过迄今我在国外过的第一个端午节。

车到江陵时已经下午6点，我在附近江陵市厅（市政府）拍下刻有“第一江陵”汉字的石碑和临瀛大钟阁后（图二十），即乘出租车前往目的地。我对司机说“南德厂端木将”（南大川端午场），随即顺利到达。韩国语中，大河叫“江”，小河小溪叫“川”。南大川大约和苏州河相等，河床比苏州河宽，但水流远比苏州河为少。韩国各地即利用堤内平时无水地段修筑健身娱乐场所，同时举办大型临时性活动。2011年10月我到庆尚北道的荣州，即参加了堤内举办的庆祝人参节大型文艺表演。当时唯一的外国代表团来自我国药材之乡安徽亳州市。我们这帮人是由意大利驻韩大使等六七位各国大使和外国语大学外籍教授组成的，几十位不同肤色相貌的外国人往那一坐，也颇壮声威——这种做派和国内颇为相似，白吃白喝白玩了几天，皆大欢喜。闲言少叙，此时南大川堤内两岸，成千上万的白帐篷绵延两三公里，由高低错落的七八座桥将两岸连起来，有些桥还是临时搭建的。我走了过去，只见各帐篷在卖各种商品，简直像个大庙会（图二十一）。正走着，看到几个算命的和尚，见我望着他们，其中一人便对我大声嚷嚷，我只好说，我是中国人。那人马上用流利的汉语说，中国人，哪儿的？我至今也没整明白他是中国人还是韩国人。又走了一段，一个演出场地锣鼓喧天，一群俳优（韩国语，即演员）伴着震耳欲聋的音乐载歌载舞，不时插科打诨。其中为首的是一扮成女装的中年男子，他的说唱不时引来台下阿囧妈、阿佳西（大婶大叔）的开怀大笑。我转了一圈，以为不过如此，突然一阵锣鼓齐鸣，改变了我的看法。

按照计划，江陵端午祭从5月25日就开始了。这一天有“谨酿神酒”的活动，6月4日举办大关岭山神祭及大关岭国师城隍祭，但这些只是序幕，真正的高潮在6月22、23日（阴历五月初三、初四）这两天。22日晚举行“迎神祭、国师城隍行次”，就是有关官员和市民一道绕江陵市内一圈，把大关岭山神和大关岭国师城隍请到端午祭坛的迎神仪式。而这，恰恰让我给赶上了。只听得一阵音乐由远而近，锣鼓丝竹声中，为首一个大力士高擎一棵绿树，绿树上挂着红黄蓝白黑五色彩带，四条白色带子从树梢斜着垂下，由前后左右四位白衣黑帽男子牵着这带子，踏在红地毯上，迤逦而来。两边市民欢声雷动，摄影记者扛着长枪短炮，镁光汇成一片……10点整放焰火，白色帐篷阵顿时五色迷幻，万人齐声喝彩……

第二天早晨（阴历五月初四）8点，我就到了端午场，今天举行“朝奠祭”是江陵端午祭的核心活动。从今天起，直到五月初八，每天上午都举行一场。但今天的因是首次，故特别隆重。参与祭奠的都是江陵市的重要官员。祭祀安排在一个临时大棚内，70—80平米的祭祀坪一边靠墙，它的三面都是观众席。我到得早，坐在正面第一排。祭祀10点才开始，观众、记者陆续到场坐下。有一哈拉爸吉（老大爷）戴着顶黑色网格状古代儒生所戴的帽子，叫喊着兜售。我问：“伊个帽子何卖也哟？”（这个帽子如何卖）老人答道：“帽子阿利哟，儒冠。（不是帽子，是儒冠）五千元。”韩语“儒”发音为“鱼”，和我老家长沙话相同，我能听懂。到了10点，仪式准时开始。一众穿着古代官服的地方官鱼贯上场，胸前缀着补子，腰间系着大带，为首的是江陵市长崔明熙，然后依次为“初献官”江陵教育支援厅教育长曹某某、“亚献官”江陵消防署署长金某某、“终献官”江陵畜产业协同组合组合长朱某某等，还有“执礼”江陵端午祭保存会履修者曹某某，“大祝”江陵端午祭保存会传授教育助教沈某某，“赞引”重要无形文化财第十三号江陵端午祭履修者某某某——后面二人实际是主持仪式的，而前面四位地方高级官员则是在那些熟谙古代礼仪的“履修者”导引下为观众履行仪式罢了。各项仪式都用汉字从上到下再从右到左写在一张大幅宣纸上，我这教古汉语的大致能看懂，在场的韩国人就如同看天书了。我边上一韩国人不知我是外国人，指着官员两手所握竖立胸前长一尺宽6—7公分的木板问我："伊个么呀？"（这是什么），我说："笏板。"并写下这两个字（图二十三）。他说，你的汉字写得真是"摩西哒"（漂亮）。祭典开始后，各种仪式种类纷繁复杂，什么奉香、奉炉、献币、奠币、奉爵、奠爵、司爵、东唱、西唱，什么皆四拜、诣盥洗位、盥手、帨手、各就位，这只是开了个头，然后就是赞引引初献官诣盥洗位、搢笏、执笏、因诣国师城隍神位前、北向立、陈馔……林林总总，数不胜数，不下100多种，其中重复次数最多的就是拜、兴、平身。拜，就是五体投地；兴，就是由五体投地再抬头直腰跪着；平身，就是站起来（图二十二）。几位白发皤然的地方官经这一折腾，马上气喘吁吁。这大棚四面透风，没法安装空调，我们坐在观众席上不动，穿着T恤衫，在二十五六度的气温下当然不热，而这几位是在白衬衣外罩着古装，脚着古靴，再动作频繁，汗就难免淌下来了。幸亏，轮到市长宣读祭文了。祭文用不着翻译，全文照录，发给观众的资料上全写着呢。只是现场没几人能看懂，更没几人能听懂：

维岁次壬辰年壬子朔初五日丙辰，江陵市长崔明熙，敢昭告于大关岭国师城隍之神、大关岭国师女城隍之神：伏惟尊灵，位我重镇，位在国师，永世来传。时维端阳，修举醮典，保我人民，防灾防患。转祸为福，莫非神功。人依于神，神感于人，市政民生，欲赖所愿。水火旱灾，传染疾病，拒之驱之，永逝远方。雨顺风调，三农丰登。外客云集，市沽圆活。冬季五轮，成功开催。

择兹吉日，牲礼齐诚。物虽菲薄，诚则愈笃。伏愿尊灵，庶鉴微诚。尚飨。

虽然写着“初五”，初四也就念了。“五轮”是韩语、日语对“奥林匹克”的音译，又代表奥运旗上的五环，有点像“可口可乐”的译法。“成功开催”就是成功申办。2018 年冬季奥运会将在江陵附近的平昌召开，而平昌正在大关岭上。

这正是记者忙碌的时候，有的扛着摄像机从这头跑到那头，有的趴在地上，屁股撅得老高，只为选一个好角度拍摄。我看到一名记者的话筒上有“荆视”二字，一问才知道是湖北荆州电视台的《文化荆州》制作人陈征。江陵，是湖北荆州市下辖的一个县，另外，荆州古城也叫“江陵”。湖北江陵，是古郢都所在地，是屈原长期居住的地方，端午文化十分兴盛。韩国地名与中国地名相同的实在太多，例如延安、丽水、安东、襄阳、东莱、利川等等，不一而足。

念完祭文，今年首日的朝奠祭便告一段落。身着古装的几位官员也面向记者、观众，让他们尽情拍照。照完相，便在祭祀坪上摆上矮脚桌，端上两三种菜肴、米饭、马葛里米酒，官员们席地而坐，开始喝酒吃饭。这大约是朝奠祭的尾声，一如我幼时家祭完毕，即行开吃一般。工作人员也从后台搬出纸箱，向记者、观众派发打糕和马葛里米酒。与我及我身边那些知识分子不同，五六十岁的阿囝妈们一拥而上，手伸得老长，讨要食品饮料；有的人反复讨要多次，大约自己吃之外还要带给家人，图个吉利。

好容易轮到我们这些守株待兔的人了，因为米酒是好几人共领一大瓶，于是大家临时组成个小家庭：我领了一摞纸杯发给大家，边上那问我笏板的人领了一瓶米酒，并逐一斟给大家。这时大约11点半，一块打糕，一杯米酒，午饭就这样打发了。

派发的米酒谓之“神酒”，度数比韩国市面上常卖的月梅、长寿米酒要高。马葛里酒味道略同于从前湖南湖北一带的“糊子酒”，瓶底也沉淀着糊子，喝前要摇一摇，就呈乳白色，甘洌爽口。不过，马葛里是用粳米做的，而糊子酒是用糯米做的，后者更好喝。不过，正宗糊子酒现在买不到了，味道最为纯正的衡阳县西渡糊子酒已近绝迹，充斥于两湖市场的是一些劣质糊子酒，味道却又大大不如马葛里酒，真可惜！为什么市场经济相对比较发达完善的江浙一带，黄酒不但没被淘汰，反而换代升级，开发出许多新品牌，而糊子酒的命运却如此呢？真值得深思！糊子酒营养丰富，酿造工艺简单（我都会做），度数高于啤酒，而与葡萄酒、黄酒略同，在人们越来越重视健康而逐渐对白酒敬而远之的今天，无疑是有着巨大市场潜力的。

吃完饭官员退场，刚才祭祀的地方，由一手持折扇，身着黄色长裙的阿囧妈表演巫术：一边唱，一边翩翩起舞，看上去和一般说唱并无二致，而与我们印象中巫术就是跳大神相去甚远。看了十几分钟，由于听不懂，便与刚才一道喝酒的看客一一握手道别后出了表演厅。这时，外面的各项表演已达高潮。

首先映入眼帘的是荡秋千，再走过去是摔跤比赛，然后是投壶比赛。《礼记》说：“投壶者，主人与客燕饮讲论才艺之礼也。”

司马光著有《投壶新格》一书，记载了壶具的尺寸、投矢的名目和计分方法。宋以后，逐渐衰落下去，目前在中国本土已难见到。比赛者手持去掉簇的箭十余支，投入五米开外的铁壶中，投入多的取胜。该壶大腹细颈，高约一尺半，壶口直径十余公分。我见到的是一男一女同场竞技，选手全神贯注，迅速投掷，观众席上欢声雷动。古书所载的雍容安详，已不复见。

边上一个较大场地表演官奴假面剧，是古代节庆时两班（贵族）家的奴隶在音乐伴奏下戴上面容夸张的面具，表演两班爱情生活的重现。这是江陵端午祭最具特色的保留节目之一（图二十四）。此外还有现场画纸扇，现场做美食的场所。商人们当然不会放过机会，所以吃喝玩乐用，以及艺术品等等争奇斗艳，应有尽有；正在丽水参加世博会的许多外国人也移师江陵，做起了各色生意，土耳其人、巴基斯坦人尤其活跃；当然，最多的还是中国人。各国食品商人将食品饮料放在一次性小碟小杯中，任人品尝，参观者边看边吃边喝，不用花一分钱，就可大快朵颐，吃个肚圆。忽然，我看到身着旗袍的中国小姑娘现场表演包粽子，心想今年端午可以吃上粽子了，不由心花怒放。走过去，小姑娘笑着说，对不起！生的。

值得一提的是高中西洋音乐比赛，正在演奏的是德沃夏克的《思故乡》。摔跤、投壶以及音乐比赛都放在端午祭的场所，既解决了场地和经费问题，又增添了节日气氛，还给普通民众以历史文化和音乐的熏陶，值得借鉴。

江陵端午祭 2005 年申报联合国人类口头和非物质文化遗产

取得成功，这一消息逐渐传为韩国将端午节申报了世界文化遗产，引起了一些国人的愤怒。以我愚眼所见，江陵端午祭无疑是端午文化的一部分，却有着鲜明的韩国特色。虽然就在南大川边，却没有龙舟比赛。除了中国小姑娘的表演外，粽子也难得一见。香包香囊喝雄黄酒等更不见踪影。唯一唤起我端午记忆的是菖蒲水洗头。花 1000 韩元（约 5.5 元人民币）在一个棚子用菖蒲水洗了个头，还按摩了几下，顿时神清气爽。1969 年 13 岁的我避难于湖南宁乡农村，端午节时也用菖蒲水洗了头，当时还将雄黄抹在肚脐眼上。我想，以中国博大精深的传统文化，异彩纷呈的各地民风民俗，好好加以整理保存，既能丰富大众生活，唤起历史记忆，还能促进旅游，发展地方经济，真做到了这些，申遗又有何难？

七伯杨德豫琐记

七伯德豫先生于2013年元月23日中午去世，我不善为文，只好以此拙劣文字纪念他。在武汉他的灵堂，我献上了一副不甚工整对仗的挽联：“童稚逞才情，少壮贬洞庭，老来译笔惊天下；谨严的法度，轻盈的舞步，神韵要和原作同。”上联总括他的一生，下联化用他一篇谈英诗汉译的论文，是他译诗的主张。

七伯于1928年12月12日生于北平六铺炕，其时距离祖父杨树达先生由北平师大中文系主任改任清华大学中文系教授已经两年多了。我以为，七伯之所以成为“英诗翻译的高峰”，是其来有自的。

“七七”抗战军兴，清华南迁，祖父移席国立湖南大学。1938年11月，湖南大学迁往湘西小县辰溪的龙头垴。那时，七伯德豫、八伯德庆、我父亲德嘉三兄弟分别为十岁、八岁、六岁。头一年，长辈带七伯去算命，算命先生说，此儿必成大器，不过，三十岁左右有厄，要到五十岁左右才除厄。小时候常听祖母说，这三人中七伯最为聪颖，所以祖父对他的教育也最为重视。比如，初中阶段不去学校上学，专门为他请家庭教师授课。他的一位老师为程良骏，后来任职华中科大，是著名水利机械专家。另一英语教师是祖父朋友罗焌的女儿罗书慎。程、罗两位当时都是湖大学生。又比如，祖父的工作室给七伯用。七伯对我说："《顾颉刚学术文化随笔》之《曾运乾及其他》有云：'杨伯峻君来，为言曾运乾事……好打牌，不常见其读书'，完全不合事实。湖大给每位教授一间工作室，爹爹不用，给我用。这工作室与曾星笠先生的是隔壁。墙壁为薄木板，不隔音，曾先生干什么我一清二楚。他每日在工作室用功，从不打牌。不晓得寿哥（杨伯峻先生）凭什么这样讲。"

大约1968年时，我从长沙老宅堂屋一角的大木箱中翻出一册毛边纸日记，是七伯刚到湖南时写的，毛笔竖行文言。其中一段，写观看群鸡争食。"抱鸡婆素不讲理"，驱赶弱小而独食。这时，主持公道的大公鸡出现了："浑身锦绣，腰大一围，乃桃源鸡也。"教师将"抱鸡婆"（孵蛋的母鸡）用红笔圈去，改为"雌鸡"。我倒觉得不改为好。

一日，祖父带着七伯外出，路遇中文系某教授。某教授近来传出桃色新闻，祖父和该教授是老朋友，于是疾言厉色批评他，教授唯有喏喏而已。七伯回家后，作一打油诗送给祖母和姐姐。小时候，我常听二姑背诵它："如今世上怪事多，忽然平地起风波。天上无雷不下雨，地下好戏才开锣。甲某高声骂乙某，乙某低头莫奈何。若问甲乙何所指，一只羊来一骆驼。"

在辰溪时，湖大教师组织了一个“五溪诗社”，祖父常参与唱和。《积微翁回忆录》1940 年 5 月 31 日：“五溪诗社题为‘龙头杂咏’，余命儿德豫赋之。有‘月明何事劳相忆，千里随人到五溪’之句。儿年止十三，有文思。同事诸君皆加称赏，亦可喜也。”若按实岁算，七伯当时十一岁半还不到呢。半年后，涟源国立师范学院（即钱锺书《围城》中的“三闾大学”）教授周邦式发表《龙头杂诗》八绝于报端，第四首为：“孤城画角带霜吹，明月随人到五溪。谁信佳篇出童稚，少陵才调谪仙辞。”就是说的这事，末句以杜甫李白比拟七伯。1940 年 10 月 9 日，是阴历重阳节。《积微翁回忆录》云：“五溪诗社第七集，社题‘重九七律’，余亦命豫儿为之。首四句云：‘西风吹皱客衣裳，初雁声声报早凉。强整愁容对黄菊，莫辞樽酒负重阳。’亦颇有致，惟少年人不当有愁容耳。”这真是“少年不识愁滋味，为赋新词强说愁”了，是否预示了后来的“识尽愁滋味”呢？

我们不妨来做个对比。我儿子杨柳岸 2004 年进入武汉大学国学班，课业有“诗词欣赏”一门。授课老师是我这教研室的老教授王庆元先生。课程结束时，王先生让每位学生作格律诗一首，以此作为结业试题。儿子回家搜索枯肠，一时毫无头绪。我说，你不妨将你熟悉的唐诗改动一下，赞美王先生一番，或许能交差。小儿乃糅合李白的《赠孟浩然》和杜甫的《春日怀李白》，作了下面这首歪诗交差：“吾爱王夫子，慈悲天下闻。清白如豆腐，硬朗可参军。珞珈春天树，东湖日暮云。闲来遛狗狗，回家改作文。”王先生给他 85 分。

祖父的一些著作，如《论语疏证》《春秋大义述》等，七伯也参与编写。《论语疏证·自序》：“此书乃一九四二年所写，其时余正抱小病，力疾搜检群书，令儿辈分任抄写。”七伯很得意地说：“爹爹提出设想，将资料交给我们，我则担任‘前敌总指挥’。”所以，七伯对祖父的学问并不陌生。例如，在1985年出版的《杨树达诞辰百周年纪念集》上，有篇七伯写的《〈文字形义学〉概况》，他写道：“这本书实际上也总结了自从许慎以来，经过大小徐、段玉裁直到章炳麟、王国维诸家对汉字的研究成果，是两千年来为数众多的文字学家的心血的共同结晶。在此基础上，又由父亲运用近代科学知识，深思密察，去粗取精，加以总结和提高，使之条理化和系统化。这样，才使此书卓然自成体系，如大树之枝叶扶疏、浓荫匝地，如沧海之汪洋浩瀚、气象万千，而成为中国文字学这一领域集大成的里程碑式的经典性著作。”谁能说，这是外行写的呢？这篇文章后来为《新华文摘》全文转载。

七伯曾对我说，不读古文，白话文也写不好。他信手拿了一本马茂元《楚辞选》，翻到《绪论》，指给我说，没有较好的古文根底，是写不得这样朗朗上口的。又云，不独诗歌，即使散文，不论文言白话，都要抑扬顿挫，都要讲究平仄。我注意到，七伯所译诗，每行字数较他人为少，恐怕与他古文读得多，用字精练有关。他的文章，读来也极富音乐感。

我中学学的是俄语，1977年底考入大学才开始学英语。一天，向他请教如何学好英语。他说，没有好法子，背熟几百篇范文，英语自然就好了。我嫌这法子“少慢差费”，没有采纳，后来学了近20年也没学好，真是追悔莫及！

祖父为了将湖南大学办成一流大学费尽心力。曾运乾先生要调走，祖父极力劝说，终于挽留成功，而曾竟死于湖大教学岗位上。挽留别人，当然得以身作则。大姑考上中央政治大学新闻系，祖父以经济困难为由让她在湖大法律系就读。同样，祖父让七伯就读湖大历史系。我私下揣测，祖父大约是想把七伯培养为自己的接班人。所以当七伯违逆自己而考到省外去时，祖父在日记中写道：“此儿真可恨也！”

在一篇采访报道中七伯说，当时祖父不同意他离开湖大而出省考试，不给盘缠，是祖母、大姑变卖首饰凑齐的路费。但七伯考上中央大学后，祖父又给校长吴有训写信，吴的回信说：“遇夫先生道席：十二月廿一日来示敬悉。令郎德豫入学事已凭毕业证明书准予报到入学，但仍须补缴正式毕业文凭报部。公费一节，业经审查会通过核准为全公费。特此奉闻。专复。顺颂道绥。弟吴有训再拜启　一月十七日。”

在中央大学读了一年，他又不满意了，觉得学不到什么真东西（祖母说的），于是考到清华大学外文系。他大舅的儿子张孝纯正在复旦大学读书，受表哥影响，也考到清华攻读社会学。“文革”中表哥杨立说：“有一位陈寅恪先生真是了不起，他的眼睛瞎了，七舅舅去看他，问个问题，他说某书柜某排第几本多少页有答案。七舅佩服得很。”《积微居友朋书札》中有一通陈寅恪先生写于1948年7月7日的信：“前闻令郎言先生往广州讲学，想已早返长沙。”

七伯在湖南时，祖父不让他走，其中未必没有“培养接班人”的考虑。而一旦走了，又担忧起来。七伯在南京、北平期间，祖父分别给十位学者去信，让他们照顾七伯。七伯说，接到祖父来信后，对他最为关怀备至的是顾颉刚先生，朱自清先生则有些公事公办的样子。顾先生的周到，大约与他对祖父的推崇有关。在《顾颉刚学术文化随笔》中，有篇《近世治古典之数巨子》，文中对祖父推崇备至，将他和高邮王氏、海宁王氏并列，而在俞樾、章太尖、孙贻让之上。1953 年，我的大伯父杨德洪初到上海，也是顾先生跑前跑后张罗。朱自清先生因为是祖父老同事老朋友，他也不觉得公事公办有何不妥。后来在他因胃病去世前十余天，毛笔都拿不动了，还用钢笔给祖父写信，请求给某学生介绍工作。顺便说一句，有人说朱先生是不吃美国面粉饿死的，当然是信口雌黄。朱先生死于胃出血，与黄季刚先生死因相同。

1949 年初，北平和平解放，七伯在 2 月参军，驻扎通县。参军时，几位同学一道约好改名。因为要“打过长江去”，所以都姓“江”。七伯改名“江声”，大约取“日夜江声下洞庭”诗意，没想到后来竟然在洞庭湖中的南县大通湖改造了 20 年，确确实实是“江声下洞庭”了。同学吴云森改名“江枫”，后来翻译雪莱，蜚声天下。另一位同学改名“江青”，取“江上数峰青”诗意。七伯病重期间，江枫、江青分别从北京、广州赶到武汉，住了一星期，每日到医院看望，陪他聊天；那几天，七伯很愉快。

上世纪 90 年代初在北大，许渊冲先生对我说，大约杨先生的英文名为 Johnson，才叫作“江声”。不过我从未问过七伯。七伯 1945 年入大学，1949 年参军，共计不到四年，其中湖南大学一年，中央大学一年，清华大学不到两年。

七伯后来改回本名，洵非得已。打成右派后，在大通湖改造期间翻译了朗费罗的诗。因为右派分子不能出书，书稿就以“译者杨德豫”的名义由我祖母寄达人民文学出版社，于 1963 年出版。1979 年右派“改正”回长沙，即将重操旧业，想到业已用“杨德豫”名字出版过《朗费罗诗选》，于是，江声又变回了杨德豫。

其实，该诗选中的大多数篇什是七伯在清华读书时翻译的。后来参军“投入火热的生活与斗争”，自然无暇他顾。此时寂处投荒，百无聊赖，希望渺茫，只得旧业重操。于是来信让祖母取出书柜顶端一包旧稿寄往大通湖。祖母让表哥杨立搭凳子取出。大姑英文极好，便想看看弟弟的水平如何。当她翻到《人生颂》，指着最后一句“要学会劳动，学会等待”（Learn to labor and to wait.）不无伤感地说：“他现在也只能‘学会劳动学会等待’了！”

我二姑在长沙教中学，“文革”中有学生毕业后下放大通湖，回长沙时，那同学对二姑说：“我们那农场中学有位江老师，长得真像您！”“文革”那些年，农场子弟中学风雨如晦。校长的腿被踢瘸了。国内革命战争时期，第一次大围剿国民党军的总指挥是鲁涤平，他的孙子也在此任教，其子就读本校。一次历史老师讲第一次大围剿，说到尽兴处，上前抽了鲁涤平曾孙两耳光。鲁涤平的孙子为其子评理，历史老师振振有词："我是义愤填膺，不能自已。"有段时间，七伯连50多元的工资也停发了，每月只有15元生活费。有次挑砖上窑，从跳板上摔下来，手臂骨折，又得了血吸虫病……

1949年，七伯参军两个月，4月即南下。到井冈山时，他待了一个月采访，写了《重上井冈山》一书。他说："刚解放时，农民说话还没禁忌，我去采访，让老农唱当年井冈山根据地的民谣。那人唱道：'朱老总背米过坳，□□□茨坪打炮。'后来我到广州，看到一篇描述井冈山老区群众回忆朱德的报道，说是群众唱道：'朱总背米过坳……试看歌声载道。'除了第一句是群众唱的，其余都是作者编的。你看'背米过坳'是土话，'歌声载道'又文绉绉的了，哪里会是群众唱的？"《积微翁回忆录》1949年9月14日："豫儿本学于清华大学，北京解放后，休学从军。今日得其八月廿四日粤赣边军次书，云四月下旬南下，到今已步行五千华里。人健无恙，精神愉快，远过昔时云。是可喜也。"

这种"精神愉快，远过昔时"的心境，也算延续了几年吧！

去年表哥楚泽涵教授对我说，七伯"右派"问题改正后，曾想去北京工作，但未明说，只是在给表姐夫楚图南先生的信中，附诗一首，表哥如今只记得两句了："多情最是长安道，依旧频频入梦来。"表哥当时在位于山东的石油学院（今中国石油大学）工作，也想早日调回北京，因有同感，故而对这两句印象深刻。于是，楚图南先生去找老熟人，人民文学出版社副总编辑郑效洵先生商量。郑先生说，要论对您这位内表弟业务水平的了解，我恐怕比您更有发言权。“文革”前他就在我们社出过《朗费罗诗选》，最近又出了莎士比亚的《鲁克丽丝受辱记》，那文字水平真是没的说！我们这也是青黄不接，我也非常想把他调来。可是，经过十年动乱，许多老干部子弟落实政策要回北京，把名额用光了，还是不敷分配呀！我也实在是没有办法！唉！可惜呀！郑先生又打趣说，怎么您家人都爱搞翻译？您是大翻译家，您的连襟夫妇（指穆木天、彭慧）都是，您这内表弟也是！

在我的记忆中，自我成年以后，七伯对我是比较严厉的，批评多而表扬少。记得 1978 年上半年，刚进大学不久的我在《长沙晚报》上发表了一篇有关祖父的豆腐块文章，七伯一见我就说：“你不要吃死人子血！”也就是不要靠死了的人来出名。80 年代中期，我有些浮躁，七伯教导我说，名和利是做学问的副产品。要把心思放在学问本身上。学问做得扎实，名利也许会随之而来。学问不扎实而骤得名利，有如空中楼阁，终究昙花一现。七伯说的这些，我都牢牢记在心底。今天，我大致能坐得稳冷板凳，而对一些与学问本身无关的东西看得比较淡，七伯的教导是起了作用的。当我后来做学问稍稍能够自立之后，他又不断鼓励和催促我写有关祖父的文章了。几十年来，七伯常让我干些事情，如誊抄祖父的《文字形义学》书稿，整理《积微居友朋书札》，代他看望祖父的学生（当他年老体弱的时候），到岳麓书院查看祖父的遗稿，等等。有时还指导得相当具体，如书札如何编排，如何到北京中科院图书馆查找祖父日记等。他还亲自校对《积微居友朋书札》多次，改正其中好些错误。书末的《整理后记》，他也作了大幅度修改。但这部书从头到尾，并未出现过他的名字。所有这些，回过头来看，都是在训练我，并为我铺路。还有些事，直到近几个月我才知道。七伯去世前有嘱咐，将若干书籍和文件留给我。书包括老版的《诗苑译林》以及屠岸、飞白、江枫、李锦秀等译界耆宿送给他并有珍贵题词的珍本[1]。文件则既包括有关祖父著作的，也有有关他自己的。他老骤然得病，好些文件都未及整理。近来为写《杨树达先生的遗稿》等文章，我开始整理这些文件。其中有他翻译的书和他的文章（如《文字形义学概况》）要送哪些人的清单。我注意到，名单中列出要送给亲戚的，多为长辈和平辈，晚辈中往往只有我一人。七伯做事极为严谨，一些有关学术的特别是与祖父著作出版的信件他都留有底稿或复印件，在这些文件中，我读到一封给杨伯峻先生的，托后者在学问上对我多加指导。这些，他生前却从未对我提及过。

七伯性格中也有张扬的一面，他评骘人物有时也较尖刻，如说某著名语言学家“给杨树达吃屎都不配”。但从小到大，我从没听他吹嘘过自己，哪怕一句。

---

[1] 如飞白在《英国维多利亚时代诗选》的扉页上写道：“我捧着动人的歌的抄本，不知它来自何种灵感，我借它倾注狂喜的心情——别人的，就像自己的一般。——Thomas Hardy 江声留念，衷心感谢你对本书的教正。飞白，1985 年秋”李锦秀在《东方故事诗（上集）——异教徒·海盗》（拜伦）的扉页上写道：“德豫兄教正：我们彼此本来素昧平生。为了拙译这株新芽的面世，您却以诗人的赤子般的心，以为祖国历经劫难的非自命的革命家的天职感，把撼人的挚情、纯诚的精魄都奉献出来：我会为此终身感佩。祝愿您为苦难的祖国坚持增强体质，以新的建树，明日爬上最高峰，欢呼日出，高歌彩霞满天的奇景！弟李锦秀敬赠，1989 年 4 月 18 日。因出差有幸在长沙面晤，结束了五年来书信神交的历程。”

七伯口才极好。一是语速飞快；二是条理清晰，绝无“嗯”“啊”“这个”“那么”等废话；三是风趣幽默；四是旁征博引，大段背诵原文。只是年纪大了以后，他以前和我说过的话有时也会再说一遍甚至多遍（我虽未及耳顺，也常常如此）。如本书中《杨树达先生的“大言”》之所记，他反复对我默诵祖父《积微居小学金石论丛·自序》中被删的那段话，即为一例。

七伯往生后，他的朋友以各种形式来纪念他。有的发为文章，如屠岸先生《永别了，译诗圣手杨德豫》，发自肺腑，感人至深；有的发来唁电唁函，如汪飞白先生下面这封信：

小煜：

惊闻令尊去世，心情如风卷海涛，激荡难平，故迟迟才能发信。

德豫兄是我最相知相投的好友。德豫之为人也，刚正不阿，直言无忌，由此竟导致一生坎坷；德豫之为诗则殚精竭虑，字锤句炼，遂成格律化译诗无可争议的典范；德豫之作风则谦逊朴实，虚己待物，绝不受外界浮躁奢靡之风的影响，无不令人感佩。我与德豫兄虽难得有机会相聚，但二人有太多的共同语言。我们上学都是外文系（虽分别在清华、浙大），又都在大三时离校参加革命；都在20世纪50年代中期于广州开始译诗，当时在广州军区就我们两人译诗，也都受到无理压制；我们（先后）都在军区报社工作，也（先后）都在报社蒙受冤案（德豫在反右，我在“文革”，而他在反右前夕发表的文章中，有一篇《谁是谁非》就是为我打抱不平而作）。“文革”结束后我们又都重操译事，德豫主持《诗苑译林》时，我与他紧密协作，在诗界前辈卞之琳1982年发表的《译诗艺术的成年》一文里，我们又一同得到他热情洋溢的鼓励褒奖。我们都性喜安静而不爱热闹与张扬，只要抓住点滴业余时间，也都会沉浸于译诗。德豫和我2011年底不约而同都进了医院，我们当时也都被认为有癌症嫌疑，他的嫌疑后竟不幸得到证实。德豫还劝我慎做手术，他说是医生讲的：由于年龄的缘故，“术间不会出事，术后容易出事”，许多人因心脏不能承受而死于心律失常或心衰，后来我的险情果然完全如他所言。我碰上了“猫（有九）命”，我一直在祝祷他也有“猫命”，可惜无端不灵。在最后岁月里，德豫和我不约而同每人都有六本书要出，期盼见到它们出版。于是我去年在给德豫的几封信里写道：

“诚然，对于存在和艺术融为一体的我们，这一页又一页弥足珍贵。在这方面我的形势不如你，你的六本书已经完成，出版也确定无疑了。我在2010年下课后也打算出六本书，但都还是未完成品，每本都有待整理加工。而到去年只出了第一本《诗海游踪》，其他五本，估计出书的希望很渺小了。看着功亏一篑的它们‘随风飘落，一页又一页’深感遗憾。所以我才更为欣赏穆旦的‘为何你却紧抱着满怀浓荫，不让它随风飘落，一页又一页’？

“这种欣赏是唯美的，唯美是一种拯救，这是人生态度的一方面；与此同时我们的态度当然还有另一面：顽强迎战，不放弃桑提亚哥的硬汉精神：‘人可以被毁灭，但决不会被打败！’

“人生得一知己足矣。你是我最尊敬最信任的知友。我是专为和庸俗作对而到这个世界上来的，虽然我知道我参与的是一场注定失败的斗争，幸有德豫兄，我可以特别自豪地引为同道。

“我有些书大概出不来了，但因我的译稿经你看了，我已可以满足了。”

言不尽意，剩下默默。还盼节哀！

飞　白

（载2013年2月3日《东方早报·上海书评》，此次出版有所增益）

《春秋大义述》的故事

旅京近半载，9月返沪后读到台湾胡楚生教授5月14日来函，随函寄来一篇题为“杨树达《春秋大义述》析评”的论文，原文刊载于林庆彰教授主编的《经学研究论丛》第九辑（2000年）中。来函说：“一九八六年，楚生在华盛顿国会图书馆影得遇公《春秋大义述》一书，系民国三十二年商务版。当时在台，似蒐寻不获。”又云昔年在台湾师范大学，曾从鲁实先先生学习甲骨文。在给胡教授写回信时，想到围绕着《春秋大义述》一书初版、再版的点点滴滴，情不自禁而撰为此文。

这部著作初撰于1939年，正如先祖父的挚友曾运乾（星笠）教授序言中所说，乃是“鉴于国变日亟，慨然中辍其考订精严之素业，而从事于师绝道丧之微言，条举《公羊春秋》纲义，类系经、传于其下，以浅持博，以一持万”，《春秋》一经，其微言大义，经董仲舒阐发，其最著者即“大一统”“尊王攘夷”与“复仇”。作者在《凡例》中说：“倭奴狂狡，陵我中华，五十年于此矣。著者年方十岁，即有中倭甲午之战，于时亲睹父兄愤慨之诚，即切同仇之志。年既弱冠，出游倭京，益知倭奴之狂狡。晚遭大难，自恨书生不能执戈卫国，乃编述圣文，昭示后进。故本编以‘复仇’‘攘夷’二篇为首，恶倭寇，明素志也。”所以，这书是一部梳理《春秋》“复仇”“攘夷”等大义，用以鼓舞抗战士气的著作。胡楚生教授论文谓《春秋大义述》一书，论其存心，论其作用，皆足以与陈垣《通鉴胡注表微》、冯友兰《贞元六书》、钱穆《国史大纲》并辔齐驱，同样具有时代之精神与不朽之意义。书成，1940 年有湖南大学石印本，但直到 1943 年，才由商务印书馆正式出版。七伯杨德豫先生曾说，当时正值抗战艰苦阶段，出书极为不易。为出版此书，祖父专门写信给蒋介石，蒋将书稿转给国民党官办出版社——正中书局，嘱其出版。祖父以为不妥，转而寻求商务出版，并请时任教育部长，也是正中书局的创立者陈立夫撰写序言。这一来二去，就拖到了 1943 年。

据《积微翁回忆录》中多次提到的湖大李眉寿（祖荫）先生的侄儿，湖南师大退休俄语教授李蟠面告，1951 年初，杨树达先生因杨荣国在《新建设》杂志发表文章，引用金甲文有错误，便写批评稿寄该刊编辑部，编辑部又转寄湖大校长李达。李达要求杨荣国“自行检讨，向读者道歉”，同时向杨树达先生致谢（可参看朱维铮《走出中世纪二集》之《似已忘却的回忆录》）。

这事后来让湖大党的五人小组知道了，进而汇报到省委宣传部副部长唐麟处。这可是“阶级斗争新动向”，唐副部长随即找谭丕谟等人研究，要打压一下这股“嚣张气焰”。于是找到了

《春秋大义述》。恰好《自序》中有这样一段话："我军事委员会委员长蒋公，以神武之姿，因国人之怒，起率南北健儿，以与夷虏周旋。"《凡例》中又有"三年以来，我方将士前赴后继，视死如归，驯致愈战愈强……此固由国人涵濡圣教，故人有忠义之心；亦由元帅贤明，故尔士心激励也"（第八条），"国父著书，力倡固有道德；总裁昭示国人，谆谆以养成道德为言"（第十条）。这不是明目张胆吹捧独夫民贼蒋介石吗？于是，《春秋大义述》内部定性为"反动书籍"，直到 20 世纪结束，在中国大陆，没有再版。同时，托人捎话告知后果，请祖父加以收敛。但祖父并未稍加收敛，竟然将官司打到最高当局那里，最后还是由唐麟出面转告祖父，说今日教授当以思想为主云云。既然如此，围绕着学术功力而展开的争论已失去前提。于是，祖父又给最高当局写信，"自悔孟浪"。后收到 1952 年 5 月 17 日的回信说："所论问题，先生在第二封信里已作解决，我以为取这种态度较好的。"（又见李蟠先生《麓山学人轶事》，但这事的大致情形我在"文革""批林批孔"时就听姑妈伯父等经常谈起。）

我和杨荣国先生的儿子杨念兹是熟识的。上世纪 80 年代初，我的老师张实先生出任长沙水电师范学院中文系主任，想让杨念兹和我都去他那儿任教。杨念兹大我十几岁，高大魁梧。他视我为平辈，和蔼可亲。我们约好某日到张先生家商量，我先到中山西路念兹家，然后一道骑自行车十几里到金盆岭张先生家，盘桓一日，喝酒聊天，至今难以忘怀。

转眼到了"三年困难时期"末期，1957 年在广州部队打成“右派分子”因而贬谪洞庭湖畔大通湖农场中学改造的七伯，不知出于什么考虑，一定要读读《春秋大义述》。本来，祖父去世后，藏书全部捐献湖南师范学院图书馆，该馆辟出专室予以收藏。七伯以为索要区区一册小书并不困难，哪知竟然碰壁，转而请我祖母出面索取。目前由我保管的这部湖南大学石印本，封二赫然用钢笔写着“此书经教务处批准赠与杨遇夫夫人一九六二.十二.十四.”（湖南师范学院图书馆圆形红图章）。七伯后来多次对我说，也许当年谭丕谟等人看到的是湖大石印本而非商务本，因而没看到陈立夫序言。否则商务本陈序中的一段话“自抗战军兴，举国一心以翊戴中枢，安夏攘夷，期成大业。媚外者则民族有贼子之诛，专命者则国家有乱臣之讨”，可能带来大麻烦。陈序作于1941年3月，上距皖南事变不过五个月。“专命者则国家有乱臣之讨”非指此而何？

在海峡对岸，当年年仅二十七岁就被祖父推荐到复旦大学任教授的鲁实先，此时执教于台湾师范大学。他通过香港等地，广收祖父的著作，于1969年起，在大通书局出版了五巨册的《积微居丛书》，并撰写文情并茂的《弁言》一篇，刊于每册之首。该丛书却未收《春秋大义述》。鲁先生私下对友好与学生说：“《春秋大义述》并不是遇老的光荣，我不收这书，恰恰是因为爱戴遇老的缘故。”鲁先生上课经常大骂国民党，他说这些话，大约也是因为书中有陈立夫序以及“神武之姿”“总裁”“元帅”之类吧。我以为，抗战期间，书生想要报国，完全与各派政治力量绝缘，总是不太现实。即以饱受诟病的顾颉刚给九鼎铭文定稿一事而论，他固然不知抗战的“中流砥柱”其实是在陕北，而颂扬他心目中正率领全民族进行艰苦卓绝民族解放斗争并得以废除百年不平等条约的领导者，恐怕也难以说不是发自肺腑而是出自谄媚吧？但台湾也未能重版该书的结果，即是胡楚生先生所说的“在台蒐寻不获”而须辗转赴美。我后来将鲁的看法告知七伯，七伯不以为然，说1946年春鲁到岳麓山家中拜访祖父，祖父曾让七伯与其相见，七伯对鲁的印象是“目空一切”。

时光流逝到上世纪八九十年代，其时以杨伯峻、周秉钧先生为首的杨树达文集编委会与上海古籍出版社合作，将祖父的26部著作分作20册，并加以整理，准备逐年出版。其中就有《春秋大义述》，是由廖海廷先生（鲁实先宁乡故交）整理的。这部文集开始一年出数种，后来随着出版社的逐渐自负盈亏，而变为一年出一两种，进而数年一种，直至完全停顿。其时尚有五六种未出，多为中华书局等出版单位以前出过或当时正出版的，如《积微居小学金石论丛》《积微居小学述林》《积微居金文说》等，只有一种是新中国成立后从未出过的，即《春秋大义述》。该书的迟迟不能再版，竟然成了七伯晚年念兹在兹的一块心病。他老将一篇祖父写的关于《春秋大义述》的并不完整的未刊稿交给我保管，嘱我有空研究研究。有鉴于此，我写了一篇《杨树达先生的〈春秋大义述〉及相关未刊稿》，发表于2002年3期的《中国典籍与文化》。2005年秋，人大国学院成立，我应邀赴会，住我隔壁的，恰好是上海古籍出版社编辑杨万里先生（目前他与我在同一大学同一院系）。他是湖南人，我与之谈起《春秋大义述》，希望早日出版。他回社汇报，社领导当即拍板，一次性推出包含26部著作分作20册的新版《杨树达文集》。于是，《春秋大义述》终于在2007年4月重版了。

七伯得知《春秋大义述》将重版，十分高兴，他郑重嘱咐我在廖海廷先生整理稿的基础上，以湖大石印本与重庆商务本互勘。我后来写了篇《整理简介》，附于书末。

廖海廷先生是患肝癌于1986年去世的。他在上世纪80年代初整理《春秋大义述》时，根据编委会意见，删去了陈立夫序和《凡例》中许多涉及“国父”“总裁”的文字。光阴荏苒，陈立夫寿登期颐，且赞成两岸和平统一，自然，新版《春秋大义述》保留了陈序，甚至连那句“专命者则国家有乱臣之讨”也未予删去。但是，新版并非毫无遗憾。如学术界所知，杨树达先生的许多著作都重“述”而少“作”，即缺少大段的理论阐述，而重在呈现事实，如《论语疏证》《中国修辞学》等。《春秋大义述》既然名之为“述”，就更体现了这一特点。正文乃是将“春秋大义”分门别类为29项，每项下又分若干子项，而将先秦两汉典籍中的相关文献列于每一子项之下。唯其如此，《凡例》中结合现实政治展开论述的文字就显得弥足珍贵，起到了提纲挈领、画龙点睛的作用。甚至，对现实政治展开讨论，在遇老的所有已出版的文字中都极为罕见，除了《积微翁回忆录》。因此，《凡例》部分的较大规模删改，是相当可惜的。当然，因为众所周知的原因，并不能因此而责怪编委会、廖先生以及出版社。其实，廖先生在删改时，是小心翼翼，生怕露出痕迹的。如改上引《自序》中那段话为“秉政者因国人之怒，起率南北健儿以与夷虏周旋”（重版时删去“者”字），又上引《凡例》中，第一段话改为“此固由国人涵濡圣教，人有忠义之心，故尔士心激励也”，第二段话（接“道德是已”）则径行删去。

今年元月下旬，以翻译英美诗歌精湛绝伦而名世的七伯魂归道山。此刻，他从中年到老年与我谈《春秋大义述》的那语速极快的长沙腔和京片子又仿佛回响在耳际。现在将此书两次出版的诸多往事公之于世，也算是对他老的一种纪念吧。

（载2013年10月20日《东方早报·上海书评》）

《吴欢谈宜兴吴家》的史实补遗

我抱着极大的兴趣一气读完1月12日书评版的郑诗亮《吴欢谈宜兴吴家》。感兴趣的缘由有几点：第一，上世纪70年代初，我的姑表哥杨立（随母姓）到上海培训，与李青崖先生的孙子时相过从，听小李讲过渠家与吴家的渊源，故吴欢所说我略有所知。第二，我的大姑父袁久坚（浙江鄞县，即今宁波鄞州区人）的妹妹嫁给了吴祖光先生的弟弟。第三，文中提到黄兴跟士大夫阶层关系密切，感情甚至深过革命党。我不清楚"士大夫阶层"标准为何，但杨伯峻先生在一通家信中提到，他父亲杨树穀（笔者伯祖父）与黄兴、宋教仁在两湖书院住同一宿舍，辛亥后，黄、宋设宴请树穀先生吃饭，从中午谈到晚上，劝其加入同盟会。第四，我祖父杨树达（遇夫）先生是健学会骨干分子，我对健学会情形略有所知。第五，先祖父还是湖南驱张运动的骨干，是教育界推举前往北京请愿的两名教师代表之一（另一教师代表为罗教铎）。基于以上缘由，我可以补充或更正郑文中的一些史实。

郑文说“徐特立、李青崖等人在李氏芋园成立‘健学会’”，我读过的一篇署名“谢喆平”的旧闻《毛泽东“驱张运动”新发现——革命领袖与吴氏姻亲家族的一段往事》也是这样说的：“史载：1919年徐特立，李青崖等人在李氏芋园成立湖南健学会。”另一篇署名“汤祚永”的《毛泽东与民国北洋政府官员吴瀛家族渊源考》也有类似描述。只是我看到过的种种“史载”，都说健学会是陈润霖（夙荒）为首发起的。祖父的《积微翁回忆录》记载在1919年“长沙教育界陈夙荒（润霖）、朱剑凡等发起健学会，响应新潮，余与焉”。毛泽东发表于1919年7月21日《湘江评论》的文章《健学会之成立及进行》也说：“健学会之成立：六月十五日，省教育会会长陈润霖君邀集省城各学校职教员徐特立、朱剑帆、汤松、蔡湘、钟国陶、杨树达、李云杭、向绍轩、彭国钧、方克刚、欧阳鼐、何炳麟、李景侨、赵翌等，发起健学会，在楚怡学校开会。”这串名单中没有李青崖，大约涵盖在那个“等”字里了。地点是陈润霖一手创办的楚怡学校，不是李氏芋园。陈润霖目前知道的人不多，他是湖南新化人，生于1879年。一生最大的成就除了组织发起健学会外，就是建立楚怡三校，培养人才数万。五四运动时，他任湖南教育会长，支持新文化运动。又曾赴上海组织赴法勤工俭学事宜。至于朱剑凡，可是比较有名的人物，前几年还拍了一部有关他一生传奇史的电视连续剧《春露》。他的两位女婿王稼祥、萧劲光一为中联部部长、一为大将衔海军司令。他是明朝皇室后裔，清初改姓周，祖父周达武官至两江总督，在长沙城北通泰街建有“蜕园”。陈寅恪先生致先祖函云："弟生于长沙通泰街周达武故宅，其地风水亦不恶，惜艺耘主人未之知也。"朱剑凡后来将蜕园拿来办成"周氏女塾"（后改名周南女子师范、周南女子中学等）。我的祖母张家祓，以周南女子师范第一届第一名毕业，毕业证书是第一号，该毕业证书通篇由朱剑凡用龙飞凤舞的草书写就，时间是民国元年一月。先祖母当年常拿出给我看，说"我死了就留给你"，现存我处。她老也常回忆朱当年毁家兴学并垂帘授课的事迹。至于徐特立，他于祖母那一班，则相当于现在的班主任。由于徐常与学生打成一片，从不端先生架子，学生称之为"特伢子"。祖母在学生中年龄身材最小，而成绩总是第一，故每次活动发言，总是由徐特立抱起举上主席台。

郑文又说："时为湖南一师校长的易培基与学生毛泽东这师生二人在湖南带头反抗张敬尧，他们还组织了驱逐军阀张敬尧的赴京请愿团。"谢喆平文也说："26岁的青年毛泽东作为'驱逐湖南军阀张敬尧赴京请愿团'的学生代表，肩负湖南人民重托进京。"汤文则说毛泽东是"学界代表"。平心而论，郑、谢的文章是较为平实的，两文没有像有些文章（如汤文）那样，说是某巨公"率领"驱张请愿团云云。驱张运动最终胜利，是湖南绅、政、商、学界共同奋斗的结果，易、毛无疑是其中最积极的分子，毛还可以说是学生中驱张的领袖人物。但毛不是"学生代表"，而是两名"公民代表"之一。驱张请愿团由公民代表二人、教师代表二人，及学生代表十几二十人组成，至于是否还有其他界别代表，因旅中手头无资料，不敢遽断；但并无任何当时的资料记载由何人“率领”。至于有的文章谈到某巨公任“团长”，就更子虚乌有了。驱张运动的高潮无疑是新华门请愿，至今能看到唯一当事人的描述是新民学会女会员李思安的《回忆驱张运动》（湖南文史馆《文史拾遗》创刊号）：“记得杨遇夫声色俱厉，拍桌打椅质问秘书长：湖南学生离乡背井，来了这么多人，你们为什么不接见？湖南闹得这么凶，你们为什么不解决？秘书长被骂得哑口无言。”然后，李思安笔锋一转，说起新中国成立后，毛泽东见到她还问：“还记得当年在新华门坐冷板凳的事么？”上世纪 70 年代，有一旅美华人李振翩教授到京，受到毛泽东接见，他就是当年的学生代表。另一公民代表熊梦飞（一说张百龄），新中国成立初期被逮捕。我大姑和他女儿是朋友。熊被逮捕时，熊女栖栖遑遑，四处求人隐藏几天。湖南台播出的纪录片《故事湖南·毛主席回湖南纪实》，谈到公民代表熊梦飞时，以一解放军将军照片代之。这种事情近年常有。如某电视连续剧中土匪头子照片，以湖南先烈禹之谟照片冒充；我父亲常服的注明香港生产的特效止咳药，要购买者认准阮某某将军商标，我仔细一看，却是杨虎城头像。半年后看了央视报道，才知道乃是在陕西某农舍用鸡饲料掺兽药生产的。跑题了，就此打住。

（载 2014 年 1 月 19 日《东方早报·上海书评》）

马宗霍先生素描
——由一通书札说开去

1948年春节刚过完的正月十七（公历3月1日），任教湖南大学的杨树达先生便接到寄自南岳衡山的一封信（图二十五、二十六）：

> 遇夫先生有道：自衡返岳（逢彬按，谓自衡阳市返回南岳——南岳在衡阳市区之北约40公里），接奉惠书，并拜大序。除夕风雪，屏年事而为之，至意弥可感。惟于拙著多宽假之辞，既以为“非前此诸家所能企及”，已不敢当，下文又曰“非寻常俭腹者所能辨”，则诸家似皆蒙“俭腹”之诮，私衷尤不安。愚意诸家或仅考异字而于字同说异者则未之及，或但举各经篇名而不言其义，或言其义而繁称泛引，漫无经界，往往失许君之旨。拙著与诸家书稍殊者略在于此，非敢谓胜之也。拟请以此意易“俭腹”之语，似较得实。不审有当尊旨否？容奉教时为尽之。孟氏《易》为古文，清儒宋翔凤尝有是说，然语杂意必，证多含糊，故

霍初不敢从，但据《汉志》证孟氏所得《易》家候阴阳灾变书为古文耳。（宋谓孟氏《易》学最博，得阴阳灾变以授焦延寿，得古文以授费直，此其立论与鄙见亦微不同。）今左右亦证以《汉志》，径谓《易》止有古文无今文，截断众流，直探本始，先儒积疑为之一扫，盖可视为定论。倾佩无量！同一《汉志》，尽古今人皆读之，而左右得间独多。乃知书真未易读，且益知古书之待读者正多，宜王怀祖以“读书”名其《志》，陈兰甫以“读书”名其《记》也。赴长有期，先肃复谢。敬颂

年祺，并祝

潭第春茀！

弟马宗霍顿首

戊子上元后二日

马宗霍（1897—1976年），原名骥，字承堃，别署霎岳楼，晚号霎岳老人，湖南衡阳人。湖南南路师范学堂毕业。历任暨南大学、金陵女子大学、中国公学、中央大学、湖南大学等校教授，国立师范学院国文系教授、系主任，湖南大学、湖南师范学院（今湖南师范大学）教授，中央文史研究馆馆员。却说，这年年前正在湖南大学任教授的马宗霍先生想将他的著作《说文解字引经考》（即《说文引经考》）予以出版，希望杨树达先生写一篇序言。杨先生在春节中写完后，将这篇序言寄往正在衡阳一带过春节的马先生。《序言》自是对马先生的新著赞赏有加，不料马先生读后，深感不安。于是写来这封信，希望杨先生将赞赏的高

度降低一些。我们仔细想想，既然诸家“往往失许君之旨”，而“拙著与诸家书稍殊者略在于此”（“稍殊”“略在于此”自然是谦辞），也即“往往‘得’许君（许慎，《说文解字》的作者）之旨”，又怎么可能不“大胜”诸家之书呢？所以，杨先生的序言对马先生的评价其实是恰如其分的，而马先生的不安在“诸家似皆蒙‘俭腹’之诮”——作为太炎先生的弟子，不愿“打击别人，抬高自己”，也在情理之中。值得关注的是，既然一位首届部聘教授，且即将当选首届中央研究院院士的名满天下的老学者“屏年事而为之”，写下这篇热情洋溢赞誉有加的序言，你还有所不满而让老先生修改，这得两人相熟相知到何等程度啊！他俩是多年的老朋友吗？却又不是！我们先看杨先生修改过的序言（载《积微居小学述林》）：

> 余耳马君宗霍名久矣，未得相见也。去岁十月，君来长沙，任教于湖南大学，寒斋见访，一见如旧相识。自是商榷文艺，过从无虚日，至相得也。

见面也就半年，一句“至相得也”，是客气话吗？查《积微翁回忆录》，自1947年10月17日两人初相见后，到1956年初杨先生去世，在这短短的8年多里，关于马先生的记载多达十几处：“马宗霍言”“与马宗霍同游”“马宗霍来”“马宗霍告余”“访马宗霍”“马宗霍来祝”“马宗霍来谈”“约马宗霍”等等，不绝于书。最值得一提的是，《回忆录》1951年10月30日：

“马宗霍送先母孔太夫人传来。文辞甚美，敬录于下：……”然后照抄全文，长达一页有余。在杨先生的老朋友中，少年时一道在日本留学，较杨先生早去世两年半的李肖聃先生（李淑一女士的父亲）以诗文富赡著称。杨先生与之酬酢唱和：“君是安州宋子京，文章富丽若天成。”“云开秀句惊江海，鹤上青霄戢翼回。官禄自贫文自富，天公终竟是怜才。”杨先生私下也曾与人言，我诗文远不及肖聃。在湖湘文库的《李肖聃集》中，收有为杨树达先生的父母，以至舅舅写的墓志、诔文等七八篇。1935 年 3 月 12 日《积微翁回忆录》：“先是，余请李肖聃志慈亲墓，今日肖聃来，见示所撰墓志稿，文极肃括。”但并未全文照录李文。照录马先生全文，在《积微翁回忆录》中，是绝无仅有的。其最末一段为：

> 马宗霍曰，余交遇夫，遇夫者，树达字也。传之所次，盖本之遇夫所为状，初无溢词。视若庸德，唯太夫人能履之，而贤莫尚焉，是其可宗也。遇夫又语余，太夫人识远而心綦细。一技之末，亦究其微。尝召工制衣，衣材劣给，工尴之。太夫人则躬操刀尺，料量截补，适具无余。工惊以神，谓侪偶中非精于此者不办，太夫人何自得之也？余于是乃知遇夫之治学密栗塙固，盖亦受自其母性然已！

古代学者中，学术、诗文兼擅且均臻极致者就不是非常多，自西学东渐以来，这样的大家就更少了。大约在 1982 年底，我去一位老先生家看望。老先生上世纪30年代曾亲炙李肖聃先生，旧体诗写得好，古文也绝佳。见我来了，拿出一位比他年龄还略大的教授送给他的新著，指着用文言写的《自序》指指点点，说这儿文理不通，那儿词不达意。这位教授的新著也曾送我一本，我对老教授"善读古书"佩服之至；《自序》也清新流畅，读来朗朗上口。偏偏这位老先生看不上。可是老先生虽擅诗文，精书法，学术成果却不足以评为教授，而当上教授的那位先生他老又看不上。还有一位老先生，是骈文圣手，诗词、书法均臻妙境，岳麓山云麓峰的抗战长沙大捷记功碑上的文字就出自他手。可是最后连副教授也没能当上。这固然说明几十年来高校甚至连中文学科也重学术轻诗文，更能说明兼擅学术诗文二者之难。杨树达先生的老师梁任公，著述等身，诗文并茂。清代小学殿军章太炎、黄季刚，更以二者兼擅而传诵学林。马宗霍先生既出自章门，自然得其神韵。即如上引这段，家常事娓娓道来，最后却归结为挚友之治学，乃"受自其母性"，余音绕梁，不绝如缕。杨伯峻先生《黄季刚先生杂忆》中有这么一段：

我记得他曾说，有一位山东半岛的某太夫人，作六十大寿。这位太夫人在清末和民初，是男女平等的倡导者，和太炎也认识，一定要太炎为她作寿序。太炎这时却不赞同男女平等了。寿序怎么写呢？太炎的这篇寿序大段叙述这位太夫人倡导男女平等的主张，结尾却写："诘朝登芝罘之巅，东望日出，回顾落月，其平如引绳，斯盖饮觞称寿之时也。"这是暗用《尚书伪孔传》和《孔颖达疏》，虽然“其平如引绳”，只是暂时一现，终究是日出越高，月落则不见了。表面祝寿，实是把男女比成日月，不能平等。这种文章，写得巧妙，掷地作金石声。

好一个“写得巧妙，掷地作金石声”！马宗霍先生的《孔太夫人传》，也可作如是观。

接着看《说文引经考·杨树达序》：

顷者君出其所著《说文引经考》示余，以余嗜读《说文》，又颇喜说经，辱引为同好，命为之序。余发卷读之，则胜义纷纶，累累如贯珠。皆自吐心得，不肯作一依傍他人语，信乎其为有功洨长之书也。前此吴玉搢、陈瑑、高翔麟、承培元、柳荣宗、雷浚诸家尝从事于此矣，顾或第举诸经篇名，略无阐发；或仅胪列异字，而于字同说异者则置之不言；又或繁称博引，漫无经界，违失许旨。今以君书视之，倜乎远矣。盖君资质卓越，又奉手于余杭章先生久，故于经学小学皆能深造自得如此，非偶然也。

紧接着，举了《引经考》中两处以经书证《说文》的精彩例证，不烦赘引。然后笔锋一转：

君既深通汉儒家法，故凡足以敷佐许引经文者，必博采广证以明许君引经之意，此又非寻常俭腹者所能办矣。

可见，杨树达先生既采纳了马先生来信中所具体指出的马著与诸家书不同而高于诸家书的种种，又保留了“非寻常俭腹者所能办”的结论。张之洞谓，由小学入经学者，其经学可信；由经学入史学者，其史学可信。而马先生同杨树达先生一样，“经学小学皆能深造自得”，这是他学问的基础。而前此诸家于此二者不能兼擅，此其所以“俭腹”也。概言之，马宗霍先生学术、诗文兼擅；在学术中，又兼擅小学、经学和史学。此真举世罕见。今举其荦荦大者，胪列于下：

《文学概论》《中国经学史》《文字学发凡》《音韵学通论》《说文解字引经考》《说文解字引方言考》《说文解字引群书考》《说文解字引通人说考》《淮南旧注参正》《墨子间诂参正》《南史校正》《论衡校读笺识》《书林藻鉴》《书林纪事》。

即便依据书名，可知马先生于小学的各领域——文字、音韵、训诂，无一不精通，然后以之治经学、诸子，进而挺进史学，亦富于创获。而《书林藻鉴》《书林纪事》二书，则不啻一部中国书法史。以愚观之，二书不过是马先生于学术创造之余，优游岁月之作而已。此处略就其另一部影响较大而堪称名著的《中国经学史》稍加评骘，佛头着粪之诮，不敢辞也。

湖南乡先辈中，有皮鹿门先生著《经学历史》。马先生于此要有所述作，必须突破前修。全书分为古之六经、孔子之六经、孔门之经学、秦火以前之经学、秦火以后之经学、两汉之经学、魏晋之经学、南北朝之经学、隋唐之经学、宋之经学、元明之经学、清之经学等十二篇，中多胜义，难以枚举。往往三言两语，某一时代经学的轮廓与分枝，便清晰如画。例如：

《孔门之经学》："承曾子之学者有子思孟子，则宋学之所祖也；承子夏之学者有荀卿，则汉学之所祖也。博约两派，汉宋于以分门，经学亦遂由是而歧焉。"

《两汉之经学》："从其文字言，则有古今之殊；从其地域言，则有齐鲁之异；从其受授言，则有师法家法之分；从其流布言，则有官学私学之别。"

《隋唐之经学》："自五经定本出（贞观七年，颁颜师古考定之五经于天下），而后经籍无异文；自五经正义出（永徽四年，颁孔颖达撰定长孙无忌等增损之五经正义），而后经义无异说。每年明经，依此考试，天下士民，奉为圭臬。盖自汉以来，经学统一，未有若斯之专且久也。"

《宋之经学》："盖宋之道学，同源于希夷，而刘（按：刘牧也，作《易数钩隐图》，道家之说始与《周易》相传，而混于儒学矣，牧之学盛行于庆历时）为异说，邵（按：邵雍也，稍后于牧）为别宗，至周子始渐醇，而与儒学为近；张子羽翼之，二程扩充之，至朱子而始大。然要不外乎象数与义理两派，两派之于经学，初不外乎周易一经。就《周易》论，则两汉诸儒，已言象数；魏晋诸儒，已主义理，实非宋儒之创获。徒以图书之传，传自道士，遂有道学之目，不知谶纬即图书之滥觞也。既而援道入儒，则又以传孔孟之道统者为道学，不知传道本儒之所有事也。宋史必分儒与道为二，是传经与传道有别，然则孔孟之道，讵有不在六经之中者乎？名之不正，莫此为极矣。"

又言清代经学特征，由小学入经学，“然小学通而精力已竭，无暇及于经学”。此皆要言不烦而切中肯綮者。但马先生本人无论小学经学史学皆成就斐然，套用一句余嘉锡先生序杨树达先生《积微居小学金石论丛》的话：“吁！多矣哉！非兼人之力不致此！”此其所以为马宗霍先生也！

（原载《嘉德通讯》2014年第5期）

湖畔惊魂

司马槱是一位年轻英俊、潇洒风流、才气横溢的词人，也是北宋著名政治家司马光的侄子。故事就发生于他在洛阳当关中第一幕官的时候。他居住在洛河北岸的小阁楼上。一天下午，因读书疲倦，昏昏沉沉地趴在了书案上。也不知过了多少时候，恍惚间粉色的帘幕被暖风掀起。从帘后走出一位窈窕淑女。她的两只大眼睛似春波荡漾，明丽动人。那一头秀发，漆黑发亮，有如乌云。上面不经意地斜插着一把精美的犀牛角梳，就像乌云中吐出的明月半轮。她苗条健美的身段上，罩着一件大袖宽袍和式样古老的裾裙。还未曾开口，便嫣然一笑。顿时，两个甜甜的香笑靥出现在脸上，十分迷人。檀板响处，她放开夜莺般婉转的歌喉，道出自己的身世：

她本是钱塘江畔卖唱的歌女，年年曼舞，岁岁欢歌，哪管花开花落，秋月春风，美好的韶光一任她轻轻抛却……

这女孩就这样轻歌曼舞，欢笑终日，知道黄昏时分，天色骤暗，一阵春雨洒下，敲得纱窗沙沙作响，才引起她的注意。移步窗前一望，顿感惊讶：林花落尽，红瘦绿肥；燕子衔物，穿梭雨中；大好春光，竟被这无情的鸟儿衔去了！丽人长叹一声，敛袖正容，准备离去。司马槱却难舍难分，忙找来话头，问刚才唱的是什么曲子。丽人答道："《黄金缕》。"然后深情地瞥了一眼仍陶醉在动人曲调旋律中的司马槱，依依不舍地说："再见了，公子！以后我会和你相见于钱塘江上。"言毕，竟飘然而去。司马槱连忙起身去拉姑娘的衣袖，突然惊起，摔坐于地。睁开双眼，才知刚才竟是个蝴蝶春梦。他走到窗前，遥望天际，此时。一轮明月正高挂天心。月光下，洛河对岸绿草如茵；几缕微云随风飘荡，瞬间便了无踪影。司马槱叹道："她多像那朝云暮雨，来去无踪的巫山神女啊！究竟要等到何年何月，我们才能鸳梦重温？"当晚，司马槱辗转反侧，不能成眠，披衣而起，填上了一曲传唱千古的《黄金缕》：

> 妾本钱塘江上住，花落花开，不管流年度。燕子衔将春色去，纱窗几阵黄昏雨。 斜插犀梳云半吐，檀板轻敲，唱彻《黄金缕》。望断云行无觅处[1]，梦回明月生南浦。

以后。每逢落红春晚，或是明月中秋，他总是触景伤怀，思念那位曾给他梦中温馨的古装丽人。

---

[1] 楚怀王游高唐梦见神女。神女说她居于巫山之下，早上是云晚上是雨。这里暗用了这个典故。

时光如白驹过隙。几年后的一年仲春，经过苏东坡的推荐，司马槱调任杭州幕官。他先到夏口（今汉口），然后买舟东下，经镇江，入大运河，迤逦往杭州而来。船越近杭州，司马槱心中越是涌出一种莫可名状的激动。似乎有一种预感，他即将与那梦中佳丽相会于杭州，相会于钱塘江上。入夜，难以成眠。多好的夜色：星河灿烂，桐花飞舞。而佳人却未来共此良宵！一阵江风袭来，帐中顿生凉意。也不知是身凉呢，还是心凉了。自佳人光顾，几年来魂牵梦绕。这离愁别绪，竟如此折磨人！

船儿慢慢地出了大运河，直入了钱塘江。和煦的东风轻轻地抚弄着一江春水，碧波温柔地拍打着船舷，夹岸的桃花开得那么热烈奔放。司马槱热切地希冀着。他举目四眺，多希望出现一张白帆，破浪乘风而来。可是直到码头，也不见佳人的踪影！

依靠在望江楼的栏杆边，司马槱呆呆地朝前望去：千里江面，有不尽的去棹征帆，浩荡长天，点缀着北归的雁阵，可心上的人儿，你在哪里？你在哪里？满怀一腔愁绪，十分无奈，他写下了一首哀婉凄绝的《河传》：

银河荡漾。正桐飞露井，寒生斗帐。芳草梦惊，人忆高唐惆怅[1]。感离愁，甚情况？　春风二月桃花浪。扁舟征棹，又过吴江上。人去雁回，千里风云相望。倚江楼。倍凄怆。

---

[1] 高唐是战国时楚国台馆名，在云梦泽中。

西子湖边，栖霞岭下，西泠桥头，桥那边便是位于湖心的小孤山了。司马槱的新居就在这里。几天后的一个黄昏，为排遣心中的烦闷，他信步往屋后的小树林走去。这时，晚霞的一抹余晕还残留在西边天际，远处樵夫和舟子的渔歌山歌声彼伏此起，和四处袅袅升起的炊烟一道融入造化的永恒静谧中。夜幕渐渐落下了。蓦然间，油油碧草间出现了一垅荒坟，碑上的字迹依稀可辨：啊，原来是南北朝齐代最负盛名的歌女苏小小的墓。“难道，她……”司马槱不敢细想，便快步回家。这一夜，他失眠了。那古装丽人总是在他眼前若隐若现，直到晨鸡初唱，才昏昏睡去。朦胧中，那少女又出现。她手执牙板，微启樱唇：“家在钱塘江上住，花落花开，不管流年度……”。

此后，古装丽人频频入梦，他俩或鼓瑟轻歌，或花间漫步，或剪烛西窗，或月下共酌，这给了客居他乡，形单影只的司马槱多少欢乐啊！

转眼到了第二年元宵节。这晚，司马槱多喝了几杯，竟一连几天长醉不醒，虽神志安详，却水米不进，脉搏也越来越弱了，几位大夫都束手无策。书童、仆役更慌了手脚，便商量把老爷送回北方老家，免得做客死异乡的孤魂野鬼。第二天，他们准备了一条大船，先把昏迷中的司马槱安置在船尾的尾舱中；待差人把行李取来，便可开船了。

这当儿，船上的舵工正与别条船上的伙计聊天，忽然，他看见刚才还昏迷不醒的老爷竟十分潇洒地挽着一位倾国佳丽登上了不知何时停泊在大船边的一叶小舟。他连忙上前问讯，那两个却像没听见似的，任早春还十分强劲的风儿鼓着白帆箭一般驶去。这时，船尾传来了书童、仆役的恸哭声。舵工连忙跑去，却见老爷仍躺在船上，已经断了气……

四十年后的一个中秋月夜，司马槱的表弟偶然登上太湖中间一座花木繁茂的小岛。穿过曲径回廊，他竟看见阔别多年却风度依然的表哥和一位宛若天仙的美女在月下对酌。见表弟来了，表哥夫妇极尽款曲，殷勤问讯，待表弟扶醉登船，回过头来欲挥手道别时，仙山琼阁已踪迹杳然……

（载《宋词名篇故事》，湖北少儿出版社 1995 年版，系根据唐圭璋《宋词纪事》中司马槱本事铺陈演绎而成）

第三辑　闲言碎语

陈寅恪“恪”的读音是方言转换的结果

“‘文革’停课闹革命”期间，闲居无事，常听长沙老家的长辈或表哥说起陈寅恪先生博闻强记的故事。他们操长沙话念陈先生名讳的后一字，或者念成 quo（入声），或者念成 ko（入声）。1990 年暮春时节，在广州见到陈美延女士，她说，她父亲和家中诸长辈平时说的是长沙话。她想，父亲和杨伯伯（指我祖父杨树达先生）关系好，乡音可能是原因之一。后来听说，陈先生名讳的后一字念 què，辞典、韵书中都未收这一读音；也即只标注 kè 的读音。查了一下，果然。于是就想，这是否长沙方言转换为普通话的结果呢？

长沙话“恪”念成 ko（入声）；而“确实”的“确”有白读、文读两个音。白读也是 ko（入声），和“扩”相同；文读却念成 quo(入声)，和“雀”相同。“恪”口语中几乎不出现，“确”“雀”却经常说。很可能是，因为“恪”“确”都念成 ko（入声），而“确”又念成 quo（入声），因此将不常出现的“恪”也类推念成 quo（入声）了。quo（入声）这个音转换成普通话，就成了 què，确、雀、却等字都是如此。

旧时长沙有身份的人说话，喜欢用文读而不大用白读，特别是在比较正式的场合。比如“吃”平时读作 qia，和“恰”相同；我大伯母给我点心吃，就爱说：“彬彬，给你点心 qi！”又和“七”相同了。

类推，包括开始被认为是错误的类推，是语言变化的动因之一。它表现为强势的语言现象推动弱势的语言现象向强势转化。比如，以前英语中不规则变化的动词远比现在要多，在英语向全世界扩张的过程中，很多母语为非英语的人们“错误地”将不规则变化的动词按规则动词那样变化了，因为规则变化毕竟是较为强势的。开始，这些人说的英语被认为不标准，久而久之，却推动了英语的变化。这种类推，生活中比比皆是。北大有位湖北籍的教授，他问别人，你孩子多大了？经常说成你鞋子多大了。因为湖北话把“鞋子”说成 háizi，既然“鞋子”普通话应该说成 xiézi，那么湖北话与“鞋子”同音的“孩子”，理所当然也该读成 xiézi 了。我住武汉大学北三区的时候，有次遇见别人用“普通话”问路：“老师，五大三粗怎么走？”我一下懵了。他紧接着问：“北三粗怎么走？”我算明白了，他是问“武大三区怎么走”。原来，“处理”的“处”，武汉话读作 qù；那么，武汉话读 qū 的“区”，普通话一定读 chū 或 cū 了（武汉话不分平卷舌）。常听人说“请吃苹果（gě）”“冬天里的一把火（hě）”，都是这种类推的结果。

“恪”长沙话口语中几乎不出现，是相对弱势的；“确”却经常说，是相对强势的。既然长沙话读成 ko、读成 quo 的“确”，普通话读成 què，那么将长沙话也读成 ko 的“恪”转化为国语的 què 这一读音，不也顺理成章吗？

笔者产生这一想法有十几年了，一直未能摇笔成文。昨天与我师弟北大孙玉文教授闲聊说起，他是鼎鼎有名的音韵学家，赞同我的说法，拙文于是就出笼了。

（载 2013 年 7 月 21 日《新民晚报》副刊《夜光杯》）

韩国中学的古文教育

我在韩国的时候，很关心他们中学的古文教育，经过多方了解，知道了个梗概。韩国的古文，和我国的文言文没有区别：繁体汉字书写，辅以拼音性质的韩文。不过，要用韩国音来读。韩国音和汉语南方的一些方言相近，对照着文字，中国人尤其是东南一带如江苏、浙江、福建、江西、湖南和两广等地人也能听懂。如“街”读作 ga，“儒”“乳”读作 yu。古文在国文教材中只占 5%。内容一部分是中国古籍中记载的据说是古代朝鲜人所撰的作品，如《黄鸟歌》：“翩翩黄鸟，雌雄相依。念我之独，谁其与归？”《箜篌引》：“公无渡河，公竟渡河！堕河而死，将奈公何！”一部分是古代朝鲜人所作诗文，如郑梦周的《丹心歌》。

韩国的行政区划依次为道、市（郡）、区、面（邑）、里，首尔一类大城市则为市、区、洞、里。我住在京畿道龙仁市处仁区慕贤面旺山里的韩国外大。那么，为何叫作“慕贤面”呢？原来，韩国理学大师郑梦周的墓就在这里。高丽王朝（大致相当于宋、元时期）是被朝鲜王朝（大致相当于明、清时期）取代的，1392年（明洪武二十五年）高丽大将李成桂废黜恭让王自立，是为朝鲜王朝太祖。李成桂害怕威望甚高的郑梦周帮助恭让王，将他杀害于开城善竹桥。刑前，郑梦周作《丹心歌》："此身死了死了，一百番更死了。白骨为尘土，魂魄有也无？向主一片丹心，宁有改理也欤！"有一七十高龄毕业于首尔大学的老先生经常开车来当义务讲解员，他为我背诵《丹心歌》，出生于湖南长沙的我，竟然大致能听懂。

那么谁来教古文呢？韩国各大学的国文系学生以学现代韩语为主，古文程度不高；中文系学生主要学现代汉语，教古文的任务就落在了汉文系毕业生的肩上。汉文系学生以学古文为主，他们自然能看懂中国的文言文，却不会说中国话。我认识一老兄，汉文系毕业后到北京中医药大学读本科，他说读《黄帝内经》《伤寒论》等古书比中国学生强，踊跃举手发言，却说得吭哧吭哧，可谓"茶壶煮饺子"。他毕业归国想执业韩医，文凭不被承认（他说是韩医怕留学中国的学生太厉害抢了饭碗，向政府施加压力所致），只好在首尔祭基洞开中药店。还有一位全州市的中年导游，也是汉文系毕业，他指着一亭子的汉字楹联问我出自何典，我答以唐诗"愿生高丽国，一见金刚山"，他即以韩国音背诵这两句诗。周遭金发碧眼的外大欧、美、印度教授不明就里，纷纷用英语说，杨，你懂他说的？

目前，我国各中文系多和韩国的中文系有着合作关系，却与汉文系缺乏交流，这是十分可惜的。韩国最强的汉文系在成均馆大学。

（载 2013 年 8 月 21 日《新民晚报》副刊《夜光杯》）

轻松学韩语

我在韩国待了一段时间后，有次到外大附近农协商场，想买包白糖。虽然韩国大多营业员的英语水平不敢恭维，但我找了一圈之后，还是只好对一女营业员说我要 sugar。她带着我走到蔬菜摊位，指着某种蔬菜，发出类似 sugar 的声音。我忙说："no，not 菜蔬，not 野菜。"原来，韩国人叫萝卜白菜等大路货蔬菜为"菜蔬"，叫茼蒿、菠菜、苏子叶等为"野（ya）菜"。眼看没法交流，她对着我微笑，我也报以微笑。突然灵机一动，韩国话中不是有大量来自汉语的词吗，干吗不试试呢？于是说："糖！糖！"这回营业员懂了，带我到某柜台，拿出一袋红糖。我忙说："白糖"——"白"是上海音，因为我知道韩国话和上海话一样有入声字（短促，不拖音）。营业员又对我无奈地笑。我想，白糖总会和红糖在一块儿吧。果然一下就找到了。看上面的韩国字，"糖"前面的字发音为 sek，我想，大约是砂糖吧，但"砂"是平声字，不会有"k"这个入声标记；又想，sek 不是"雪"的发音吗。原来，白糖叫“雪糖”啊！类似的还有麦酒（啤酒）、病院（医院）、巨视（宏观）等。

1993 年，我的韩国同学边滢雨告诉我韩国话总词汇量的 70% 来自汉语。几年后，我在北大认识的韩国朋友李鸿镇先生寄了一整套韩国语自学教材给我。2002 年，我在武大带了一位韩国博士生申永子，她每周教我一次韩语，持续了约 4 个月，仅此而已。因此我 2011 年夏到韩国教书的时候，是试着用英语交流的。但很快发现不灵，韩国懂英语的人不多。我供职的学校较偏僻，待家里还不闷死？不出去散心是不行的！教课太累，也不愿抽时间专门学韩语。只好看有中文字幕的韩剧，消遣学习一举两得。这招还真管用，两个月后，我就能一个人到全韩国旅游了。诀窍就是，结合汉语，包括各地方言学习发音类似的韩语。比如长沙话说“何（o）得了啰！”（怎么办哪），韩国话便是“何（o）得格！”长沙话说：“外大何事去（ke）啰？”（外大怎么走？）韩国话便是：“外大何得格去（ka）哟？”上海话“味道”为“咪道”，韩国话“未来”为“咪来”。

有次我去显忠院（忠烈祠或国家荣誉军人公墓）参观，出地铁站后问一姑娘：“显忠院何得格去哟？”她答：“哦，显忠院！”然后指路。我听出她有纠正我发音的意思：重音在“院”上。2012 年 6 月，我去参观江陵端午祭，先到首尔江南 terminal，到售票窗口说：“江（gang）陵 terminal，汉拿（一张）。”到江陵总站，叫辆出租车，对机师（司机）说：“南大川，端午（mu）场。”机师纠正道：“南大川！端午（mu）场！”重音在“川”

和“场”上。原来韩语不论双音词还是三音词，重音多在后一字。一会，机师说，南大川很大，车（ca）停哪儿？我不会回答，忽然想起首尔有南大门、北大门、东大门、西大门，于是用汉语说：“门！”机师道：“I see，门，gate！”顺利到达目的地。

（载 2014 年 3 月 3 日《新民晚报》副刊《夜光杯》）

听韩国人背古文

我最早听到韩国人背古文，是在2002年。那年，我带了个到武大交流的韩国淑明女子大学的博士生申永子。她在淑明的导师是著名甲骨文专家梁东淑教授。梁，韩国音读作yang，于是，她有两位yang老师了。一次闲聊中，申永子用韩国话背诵《论语》第一章“学而时习之”，又背了《诗经·关雎》：“关关鹏鸪，在河几主；窈窕淑略儿，gun子儿好古。”这对于懂点音韵学的我来说，简直是古音的活化石了！

2011年夏我到韩国外大龙仁校区教中文，地址是京畿道龙仁市处仁区慕贤面旺山里。处仁，出于《论语·里仁》：“里仁为美。择不处仁，焉得智？”意思是选择住处，没有仁德，怎么能算聪明呢？处仁而慕贤，莫非此地与古代大贤有关？果然，韩国程朱理学的祖师爷郑梦周的陵墓就在附近。于是就有了听七十老者读郑梦周《丹心歌》的经历，这点我在《韩国中学的古文教育》里已经说过。郑梦周的侄儿郑道传，号三峰，他的学说奠定了朝鲜王朝的思想基础。首尔地铁有一站叫“往十里”，据说是三峰问道旁樵夫到汉阳还有多远，樵夫答，过去还有十里地。我到忠清北道丹阳、庆尚北道奉化一带旅游，三峰的遗迹比比皆是。丹阳八景之一的岛潭三峰，大小三峰突兀江中，据说是道传号“三峰”的由来。

我的北大同学边滢雨在成均馆大学中文系教书，他的祖上边安烈原来在沈阳，元朝派遣他护送公主到高丽与高丽王成婚后留在当地。他是高丽朝的忠臣，反对李成桂而隐居，为表达对前朝的忠诚而作《不屈歌》；当时与《丹心歌》一道被传唱，现在知道的人却不多了。边安烈墓是国家文化财产，边滢雨一家有时还去祭扫。一天，滢雨带我去他家看望他父亲，老先生 80 多岁了，早年在三星公司任高层负责人。我送给他老一套瓷器。边老看了看盒子说：“景德镇？离南昌远吗？”我说，景德镇在鄱阳湖东，南昌在湖西。老先生说，我小时读私塾，老师让我背《滕王阁序》：“南昌故郡，洪都新府。星分翼轸，地接衡庐。襟三江而带五湖，控蛮荆而引瓯越……”虽是韩国音，听懂却不难。老先生问我滕王阁还在否？我答以新建的滕王阁气势恢宏，可乘电梯直达顶层。老先生最后不无伤感地说，可惜年纪大了，恐怕没机会去登临览胜了！

转眼到了 2012 年 6 月 22 日，我到江陵去参观著名的江陵端午祭。次日举行的“朝奠祭”是江陵端午祭的核心活动，由市长崔明熙宣读祭文：

维岁次壬辰年壬子朔初五日丙辰，江陵市长崔明熙，敢昭告于大关岭国师城隍之神、大关岭国师女城隍之神：伏惟尊灵，位我重镇，位在国师，永世来传。时维端阳，修举醮典，保我人民，防灾防患。转祸为福，莫非神功。人依于神，神感于人，市政民生，欲赖所愿。水火旱灾，传染疾病，拒之驱之，永逝远方。雨顺风调，三农丰登。外客云集，市沽圆活。冬季五轮，成功开催。择兹吉日，牲礼齐诚。物虽菲薄，诚则愈笃。伏愿尊灵，庶鉴微诚。尚飨。

这篇文言文大约是毕业于大学汉文系的人写的。用不着翻译，全文照录，发给观众的资料上全写着呢！只是现场没几人能看懂，更没几人能听懂。我对照资料上的汉字，听崔市长念，感觉并不比用上海话或广东话读更难懂。“冬季五轮，成功开催”须解释一下。“五轮”是日、韩对 Olympic 的音译兼意译，奥运会旗上不是有五环吗？“开催”是召开、举办的意思。2018 年将在韩国江原道平昌举办冬季奥运会。平昌正好在大关岭上，祭文请求大关岭山神保佑冬奥会成功举办。

（载 2014 年 10 月 15 日《新民晚报》副刊《夜光杯》）

我行医和就医的点滴

前一段，电视播出《心术》，最近又热播《到爱的距离》。我不想评论，只想谈谈我先当医生后当患者的感受。

我1977年考入某医学院，1982年底毕业后就业于长沙某区医院，1984年当文史编辑，后读研，然后在高校教中文。刚参加工作不久，科室承包，大伙都开大方子，我尚未来得及“作贡献”，就开始发奖金了，80多块，比我月工资还多。很快形势便发生逆转，挂钩单位纷纷脱钩，基本上没啥奖金了。这样就闲下来了，还结识了正做临时护工的梅兰芳的学生周曼如。老实说，当时一般医生对病人的态度不好也不坏，遇到常来因而熟悉的患者，往往因此成了朋友。一次，一位常住院的工人求我给他开两瓶含有鱼肝油的橙汁，到手后硬要送我一瓶。我连忙婉拒，他大发雷霆，说我看不起他，我只好接受。有些新中国成立前就行医的老大夫，对患者极其耐心细致，如我家的世交，省人民医院儿科主任熊婉约。

不久，我调到该医院下属某诊所上班，该诊所临近长沙最大，也是全国十大百货店的中山路百货公司（新中国成立前叫“国货陈列馆”），以及银宫电影院——30年代蒋介石曾到此影院。据载，某官员为了讨好蒋，专门请乐队演奏他最爱听的《大路歌》。该歌“文革”中作为“五首革命历史歌曲”推出，又红极一时。每到夜晚，门外霓虹闪烁，车水马龙。诊所自然关门大吉，值班只是为了住院病人。但经常有手脚擦伤的敲门要求处理伤口，也有要求注射的，我从未拒绝过。完事后要给钱，我说，对不起！收费处没人，算了吧！学了雷锋还不敢说，因为用了诊所的碘酒、纱布、注射器等，怕发现挨批评。那时做这些大约不算什么，病人不过道声谢，姓名都不问就走了。

近年我手上的湿疹经常发作，前年到去年我在韩国外大龙仁校区教书，到较近的广州市的病院（韩国叫医院为“病院”，叫诊所为“医院”）瞧病。我进门问护士：“皮肤（bu）科何地哦？”护士答：“三层哪！”上到三楼拿临时身份证（含医保）登记后等着，一会儿护士高叫：“杨beng彬”，然后指着某诊室。我的韩语只能问路点餐寒暄，便用英语说病情。男医生40多岁，拿着我的手在患处仔细摸了摸，然后拿出一部几寸厚的英文书指给我看，说我的湿疹是书中的第几种类型，开完药后又不厌其烦嘱咐注意事项：酒stop，辣椒stop，海物（海产品）stop，等等。看完病我连说，感谢米达！感谢米达！他起身把我送出门外，鞠躬；我也鞠躬，俩脑袋差点碰到。花了6000韩币，合人民币30多。我这手在上海、北京、武汉、长沙的医院看过不下几十次，却从没哪位医生摸过患处。

某年寒假回长沙看父母，我儿子小腹部长了个小疖子，我说不要紧，但他不放心非要去看，就到附近的市立医院看外科急诊。那三十多岁县里来进修的男医生看了一下患处，立马就开药。一交费，好家伙！一千多。我感到不对劲，看了一下病历：会阴部如何如何。我回去问他，为啥这么贵？他说，部位太危险，不能掉以轻心。我问，这是会阴部吗？他斜着眼睛望着我：有什么问题吗？我说，此处在耻骨联合上三寸，离会阴还远着哪！这下医生慌神了："对不起！我忽然糊涂了，写错了，处方我给你改过来吧！"一改，变成几十块了。我郑重对这"医生"说："要么，您是故意写错；要么，您作为医生，不合格。一般人，都知道会阴在哪儿，何况您是医生，还是外科医生，能把会阴弄到小腹去吗？"

（载 2013 年 11 月 11 日《新民晚报》副刊《夜光杯》）

读书漫议

最近有几件事引起了我的注意，一是据报道，我国的每年人均读书量在世界上排在较低位置；一是我参与修订审定的台湾《中华文化基础教材》据说“遇冷”，原因除了难以腾出课时外，还因为缺乏师资。特别是教师从没接触过《大学》《中庸》，教起来感到困难。对此，我感到困惑，因为《大学》《中庸》文字较为浅显，并非“佶屈聱牙”，而这部教材无论教师用书还是学生用书，都有详尽的注释和今译，何难之有？但后来在中文系二年级和四年级学生中有意调查了一下，算是想明白了一点。这些学生从入学分数看，许多高于当地一本线几十分，学习也算努力。只是，除了教材，几乎不读课外书。我问，谁读过四大古典名著中的任何一部，几十人中竟无一人举手。

记得我当年就读的新湖南报社子弟小学有个阅览室，里面许多儿童书籍，二年级时，我们就去读书，其乐无穷。三年级 2 期时，“文革”开始了，“停课闹革命”，我于是在家读书，逐渐变得嗜书如命，上厕所也手持一卷。小人书看完了看“字书”，白话文读完了读古文，经过这样的“童子功”，古文的语感也就建立了，中学时读古文一点不觉艰深，好玩似的。记得竺可桢的科普小册子《物候学》，我看烂了 2 册。周有光的《字母的故事》，印数仅 300 册，也看得烂熟。我父亲有《参考消息》，是内部报纸，不能做废纸卖，便捆成几捆，扔在床下。我如获至宝，细细阅读。因为是内部的，比现在公开发行的《参考消息》“开放”多了。记得读到一份 1966 年暮的“中央社消息”：“今天，五十万中华儿女，齐聚台北，纪念中山先生诞辰 100 周年。”文中还大谈“革命”“建国”等。您想，毛泽东诗中出现的“中华儿女”，被“国民党反动派”用上了，对于一个十二三岁的小男孩，该有多震撼啊！读书多，理解能力就强，对学数理化也大有帮助。中学时，经常逃课到长沙祖母处，快期末考试时到校，把数理化的课本看看，习题做做，考试总是全班第一。所以，1977 年高考时敢于考理科，分数还过了重点线十几分。有了这种经历，知道读书要凭兴趣，儿子上小学时，便培养他的兴趣。比如，故事讲到紧要处，借故离开，回来时，他已经自己看完了。到小学高年级，他大约看过 100 册课外书，这时，就劝他读四大名著，他不买账；等到电视播《水浒》《三国》《西游记》，他自己找到原著看完了。问其缘故，说是课业太多，耽误了看电视，读书来弥补。有些情节还百看不厌，那时节，说话都是“端的是”“那厮”。我也从不逼他上这班那班，照样考入武汉大学，目前在武大读博士。

我以为，逼着孩子上这班那班，还美其名曰“不输在起跑线上”，弄得孩子厌学，把读书当负担而非乐趣，真是拔苗助长，缘木求鱼！结果就是今日连中文系学生也只读教材。又有人写文章要为读书立法。我想，不能享受读书的乐趣，立了法也只是进一步加重学生负担，给他们增加了一副枷锁而已。

（载 2013 年 12 月 9 日《新民晚报》副刊《夜光杯》）

老先生的书信

小时候祖母说，你爹爹（祖父）他们，一个信封要用四次。她从抽屉翻出个旧信封，正反两面都写了地址姓名，盖有邮戳；翻过来，里面也是如此。这叫敬惜字纸。

1964 年我 8 岁，有天邮差交给我一封中华书局的信，收信人为“张家祓先生”。我大喊大叫：“娭毑（长沙话，奶奶），他们以为你是男的！”祖母大笑：“年纪大或者有身份的女人也称先生。”后来看报上常有“宋庆龄先生”“何香凝先生”，就不奇怪了。80 年代到武大中文系读研，介绍导师：“这位是李惠芳先生，这位是陈美兰先生”，还有同学露出惊异面容。

1979、1980 年读大学时，也到祖父的学生何申甫先生家，旁听他给研究生上音韵学课。他 50 年代在武汉工作过，常和那儿的学者通信。有次我去得早，只见他将一封寄给武汉某学者的信贴上 4 分钱的市内邮票，我提醒贴错了。他说，没错。将这封信塞进寄给另一武汉学者的信，贴上 8 分钱的外埠邮票，说，那封信我让他帮我投邮箱。何先生小气吗？不！我们在他家听课，经常留下吃饭，满桌佳肴，何师母做的菜极好吃。但该省的一定要省。温良恭俭让，一个也不能不少，俭，是一种修养。后来我考取武大研究生，有时回长沙看何先生，他还拿贴有 4 分邮票的信，让我到武汉再扔进邮筒。

托人带信或寄信是不能封口的，否则就是对受托者的大不敬。后者完全可以当面拒绝甚至当场撕破脸。当然，受托者也不会看人家的信，这叫“慎独”。信纸的折叠也有讲究：有字的一面朝外，一定要露出诸如“某某先生座右”字样，塞入信封时让这几个字朝向信封正面，保证对方拆封即见。最讲究的是“八行笺”，老先生们也曾指导过我。

最要紧的，写信要称对方的字，直呼其名是极不礼貌的。这可常让老先生们犯难。

上世纪 80 年代初，各种学术会议开始频繁起来，有些老先生首次相见，互相倾慕，相约别后常常联系。主办方也发与会代表通讯录，按说联系起来够方便的。可是，对方的字号不知道，如何通信呢？当面问又实在不好意思。因为在我 23 岁之前，祖母尚健在，常有各地学者登门看望她老人家，我也常迎来送往，算是认识一些老人，便有老先生或登门，或来信打听另一老先生的字号。记得有位老先生在会上和社科院语言所王显先生认识了，想和他通信又不知字号；他知道王先生是我祖父的学生，便写信来请教我。受宠若惊之余，连忙回信告知他老人家王先生字“伯晦”。我那时正整理《积微居友朋书札》，手头有劳干（字贞一）给祖父的信。信中说："王君伯晦学殖优长，关于安置一事，曾与董君同龢商榷。"我也援引以为证据。

这些，当时已不时兴；随着老先生逐渐凋零，90年代中期后，就再没谁来信问字号了。接着，电子邮件代替了信封信纸。我这篇小文，待会儿也要用伊妹儿寄出去。

（载2014年1月6日《新民晚报》副刊《夜光杯》）

漫谈乌鸦嘴

有些人，当你善意地提醒他（她）天气凉当心感冒时，会立马说："呸呸呸！乌鸦嘴，你咒我啊？！"这类现象归纳起来，就是以为语言能招致福或祸，所以才热衷数字"八"，所以才憎恶数字"四"。

长沙一带，几十年前老虎还出没伤人，人们忌讳老虎，就把斧头叫作"开山子"，把腐乳叫作"猫乳"（湖南话 h、f 不分）；乘渡船过河时，老陈要临时称作"老浮（báo）"；到菜市场问芹菜（芹、穷同音）多少钱一斤，菜贩会说："呸啾！富菜五角钱一斤。"怕蚀本，武汉叫猪舌头为"口条"。广东人过年送金橘，因为橘吉同音；但不能送人书，因为怕"输"。我想，人们真该多读些书！

这类现象由来已久，我国古代的避讳，就源于此。汉高祖名刘邦，就下令把先秦古籍中的"邦"改为"国"。我想，如果刘邦他爹没给他取这名字，咱们脚下这片土地是不是该叫作

“中邦”？又如，李贺之父名“晋肃”，就不许他考进士，惹得韩愈出来打抱不平：如果他爹名“仁”，是不是连做人的资格也没了？

所有这些，来源于一种低层次的迷信，后者又源于“原始思维”。法国文化人类学家列维·布留尔在其不朽名著《原始思维》中介绍，非洲、南美、大洋洲的一些原始部落的人，当亲人死去时，惧于有声语言可能带来的祸害，可以一连几年不说话，而彼此用手势“交谈”。

但是，为什么我们有着五千年文明的泱泱大国，也广泛存在这种“原始思维”呢？一种接受度较高的解释是，自周代以来，统治者关心人事胜过关心天命，孔夫子“敬鬼神而远之”，说“未能事人，焉能事鬼”，就是明证。汉武帝时期“罢黜百家，独尊儒术”，而儒家思想是一种入世的思想，与宗教的“出世”是相反的。在此背景下，宗教的生存成长空间被大大压缩，一个典型的例子是，一般人们只要见到菩萨便拜，求他保佑，而不问这菩萨属于哪宗哪派，是否合于自己的信仰；甚至于见到自以为是灵异的东西，也倒头便拜。上世纪70年代中期，是狠抓“阶级斗争”的年代，我下放的大队又是地委书记和分管农业的副书记共抓的典型，自然不是什么天高皇帝远的地方。一天，池塘里出现了一个碗大的白花，飘飘荡荡，花瓣一张一合，浮于水中。按说，这就是某种孢子植物，没啥稀奇的。可是，附近村民得知，一传十十传百，扶老携幼而来，匍匐于岸边，磕头如捣蒜。因为宗教信仰未能俘获所有大众，所以在中国历史上，从未出现过如大仲马《三个火枪手》描述的红衣主教可以和国王分庭抗礼的局面。这样，就使得原始思维、原始信仰得以保存一线生机，而不绝如缕。

一般而言，有着较强自然科学基础的知识分子是不太相信什么“乌鸦嘴”的。前一段热映的电视剧《到爱的距离》中，几位医术高明的医生，总因别人说了句“不吉利”的话，而“呸呸呸！”我却宁愿相信这是编剧者的一时疏忽。

（载2014年2月5日《新民晚报》副刊《夜光杯》）

漫话名称音译

关于外国人名，以至于外国专有名词，我们会注意到，港台的译法和大陆的译法不同；大陆的译法，早期的和现在的也不同。比如，奥巴马夫人，港台译作“蜜雪儿”，大陆译作“米歇尔”；悉尼，港台译作“雪梨”；一位黑人短跑冠军，香港译作“豹”，大陆译作“鲍”；Viagra，香港译作“伟哥”，台湾译作“威而刚”，大陆译作“万艾可”。刚去世的20世纪30年代童星Shirley Temple之译作“秀兰·邓波儿”，以及风靡全球的饮料CocaCola之译作“可口可乐”，就是大陆早期通常的译法。

外国名物的翻译，古已有之，但大量集中地出现，则始于晚清时。我曾经协助钟叔河先生编辑《走向世界丛书》，记得张德彝《随使英俄记》曾说到伦敦“美尔”，即mayor也；今译为“市长”。又说到纪念庆典时喝“三鞭酒”，即今之“香槟酒”。

Viagra之译为“万艾可”，是纯粹的音译，译作“伟哥”“威而刚”，则是音译加意译。Vitamin之译作“维他命”，也属于后者。至于“维生素”，则属于自创新词，不属音译。鲁迅认为，外国人名地名等翻译为中文后，必须一看就知道是外国的，因此主张纯粹音译。在他看来，像小说《飘》的主角之译作“郝思嘉”，是要不得的。大约由于新中国成立后鲁迅有了至高无上的地位，他的翻译主张才得以在中国大陆得到彻底贯彻吧。

1886 年 CocaCola 问世后，早期被译作“蝌蝌啃蜡”，销量在华人世界可想而知。公司为此在 1936 年刊登启事征求译名，旅英华侨蒋彝所译“可口可乐”入选，得奖金 350 英镑，约合银元 5000 多，足以买下一栋别墅。但这一译名的价值，却远非 5000 多银元能够换来的。

如果鲁迅的主张早几十年得以一刀切的贯彻，就不会有“秀兰·邓波儿”“可口可乐”和“奔驰”，代之而起的将是雪莉·坦普尔、科卡科拉、本茨轿车。

Viagra 这药刚出来时，我就记住了“伟哥”这一译名；后来看报纸说台湾译作“威而刚”，也一下子记住了。可“万艾可”的译名，却总是记不住，直到为了写本文才查到。当今知识爆炸的时代，资讯的获得易如反掌，读者误将外国人当成国人的几率大大降低；而知识爆炸的年代，一个名称必须好记，一看到便印象深刻。因此，纯粹音译和音译加意译孰更有利，似乎无须赘言。

如今，音译加意译已经有了一席之地，但如何译，却大有讲究。以新上市而在电视荧屏上大行其道的德系斯柯达 yeti 轿车为例，译作“野地”，雄浑大气，有一种苍凉的美感，还能让人产生联想：能奔驰于崎岖不平的野地，质量一定上佳；结果却译作有些俗气的“野帝”。但译作后者，未始不是出于商业考虑，阳春白雪而销售额上不去也是白搭。

有些名称的翻译让人匪夷所思。例如，韩国首脑，汉字写作“大统领”，似乎用不着翻译，直接拿来就好了，却译作“总统”；蒙古国“大呼拉尔”，一般人看不懂，却直接用音译。

笔者觉得，像《苏三起解》里的“苏三”，译作英文时可直接译作音近的Susan，而最近大作广告的鲁西化工，译作英文时是否考虑用女子名Lucy呢？开个玩笑。

（载2014年4月1日《新民晚报》副刊《夜光杯》）

王谢堂燕到何家

我从小对数字敏感。上大学时，报载某省投资数百万，建成一大型皮蛋厂，年产皮蛋 3 万个。我马上说，一定错了。室友问何错之有？我说，每个皮蛋赚 3 分钱，一年利润 900 元，只够两名工人的年薪。后来果然刊出更正。

十几年前读报，说韩国孔子后裔有 8 万人，我想，全球有多少？一查不得了，高达数百万。就算 200 万，其后裔是孔子夫妇的百万倍！而范文澜《中国通史》记载，明清以前，中国人口少时 1000 万，多时 5000 万，还仅仅只算当时疆域（远没有现在大）的人口。略去疆域的因素，以 1300 多万人口计，现在人口是其 100 倍。100 万倍和 100 倍，反差达万倍。对此，我琢磨了多年。合理的解释是，既然有人的后裔大大超过 100 倍，就有人的后裔大大低于 100 倍，甚至“断子绝孙”了。

这就能解释，为何许多族谱上，要么是始祖，要么是几世祖十几世祖往往是声名显赫的大人物。我的推想：由于战争、饥馑、瘟疫等等，人口大量减少，但减少是不均衡的，贵族豪强世家大族的存活率较高，奴隶平民的存活率较低，经过多少代的积累，使得存世的人们往往都是古代名家世族的后裔。例如，唐末黄巢之乱时，上护军、翰林学士卢惠携家族 100 多人东渡朝鲜，他是韩半岛卢姓的始祖，现在仅韩国就有卢姓人口 20 多万，占其全国人口的 0.5%，近年还出了两位总统——卢泰愚、卢武铉。又明代万历年间，河南登封颍阳人千万里随军前往朝鲜抗日，获封花山君，遂定居庆尚北道花山，目前韩国千氏人口已达 10 万。

但这一“合理推想”，由于没有证据，也就友朋闲聊时说说而已。今年 2 月 19 日 13 时 40 分，正巧看中央台 13 频道《法治在线》，是说如何破获一起离奇命案的。警察发现苏州某镇现场凶手血迹的 Y-DNA 与安徽临泉赵某相同，而赵某在苏州绝无生活轨迹，不可能作案，于是警方在某镇十几万人中找寻来自安徽临泉的赵姓人氏，经排查，杀人者落入法网。节目解释说，人类与其他哺乳动物一样，每个个体细胞中含有一对性染色体，其中雌性为两条 X 染色体，而雄性则 X 与 Y 染色体各一条。Y 染色体上的基因只能由雄性世代相传，因此在上面留下了基因的族谱，Y-DNA 分析现已应用于家族历史的研究。而我国 Y-DNA 库目前保留约 3000 样本，这 3000 人生存于数千年前到数百年前不等。理论上说，我国的十几亿人口都是由这 3000 男人（当然还包括他们的配偶）的后代，平均每对夫妇的后裔为四十几万人。数千年前，生活在这片广袤土地上的绝不止 6000 人，多数人都断了代！能存活下来的，一定是生存状况较好的。那么，是世家大族的生存状况好呢，还是平民百姓？

如果这一推想属实，就能够解释许多现象。例如，方言学论著说，欧洲牧畜民型语言和方言的形成，是部落一分为二、二分为四然后各自迁徙的结果，而汉语为代表的农耕民型语言，其各方言，则是移民逐渐扩散形成的。问题是，移民相对于当地土著，只是少数，怎么就使得多数人接受了移民的语言呢？例如汉代中原人迁徙南粤，当地人讲古越语，何以后来都讲汉语了呢？以前的解释是，由于移民文化技术进步的结果。但西北、东北不乏汉人逐渐被同化而讲其他语言的例子，又如何解释呢？恐怕还是由于广东的中原移民处于统治地位，生存条件较好，因而逐渐人口占大多数的缘故。

又如，韩国语中汉语借词占总词汇量约70%。汉语之影响朝鲜语，除了大陆移民外，就是四书五经。但能诵读中国古书的只有两班贵族，平民目不识丁，汉语词又怎能深入民间？这是因为，后世的平民，往往是两班贵族的后代。例如安东金氏遭宪宗打击后，金氏家族许多人沦落为平民。在上海任韩国临时政府总理的金九，在其《白凡逸志》中，对此有所描述。

唐诗云："旧时王谢堂前燕，飞入寻常百姓家。"是这样吗？

（载2014年4月29日《新民晚报》副刊《夜光杯》）

但开风气不为师

“9 · 11”事件发生后，我对朋友说，如果某厂家生产一种降落伞就好了。一旦发生袭击、地震等，高层建筑的上班族可以一跃而下。朋友说，你真异想天开！不久，有报道，以色列 Apco 航空用品公司推出一款逃生降落伞，专为高楼内工作人员设计。20 年前，曾对朋友说，可以设计一种有泡沫垫子的内裤，给臀部较窄较瘦的女性穿。朋友说，荒唐！我答道，将来有臀部选美大赛也未可知。朋友说，不正经！前几年在韩国，看到到处都卖有垫子的内裤，而美臀大赛国外已经很多届了。我不知多少次为找东西发愁，曾对人说，要是有某种电子贴纸，贴在小而重要的物件上。要找时，用遥控器一揿，就知道方位距离了。当今这在技术上应该不成问题吧。类似的“瞎琢磨”还很多，上月刊出的《王谢堂燕到何家》其一也。

写这些，不是为了自吹自擂。媒体上总说国人缺乏创造性思维，我想说，广综博览，勤于思考，是创造性思维的先决条件。

1982年医学院毕业前，学校组织到长沙一家幼儿园做体检，看到一张班级名单，几乎全是单名。我知道，秦汉到隋唐，单名较多，到了清代，双名已占绝大多数。这是社会经济发展人口增加的必然结果，也和汉语由单音词为主向双音词为主的变化轨迹相吻合。怎么会在中国大陆的城镇70年代后出现一股人名“复古”风呢？从概率上看，单名比双名大大容易重名，再过几年，这些小孩长大了，会不会造成社会问题呢？我将我的调查和思考写成一文，发表在1983年5月的《湖南日报》上，文末建议年轻父母应给孩子取双名。果然，到了80年代末，单名成了社会问题，政协委员赵青甚至建议立《姓名法》，今后限制取单名。

又曾经与编辑部同事老吴聊晚清民国湖南忽然涌现大量政治军事人才的原因，吴说他同学刚刚在《求索》发表一文论述此事，该刊作为重要论文推出。我一读大不谓然。该文说是由于阶级斗争、教育发达和湖南人走出湖南三大原因所致，并且用举例法论证，如湖南有多少饥民暴动，多少书院、学校等。我认为三个原因只有半个站得住脚，即“湖南人走出湖南”，但它只是果而不是因。其他两项，因缺乏与其他省比较，没有特异性。可见，举例法不科学。后来我发表一文于《长沙水电师院学报》，被人大复印报刊资料全文转载，归结原因为：1. 近几世纪以来湖南形成了经世致用的学风。2. 地接西南，自古民风剽悍；而晚近以来经济文化崛起，交通便利，故此地形成了迥异东南、西南，既得风气之先，又具倔强性格的知识分子集团。3. 太平天国运动的契机，使得湘军崛起，造成“天下督抚半湖湘”的局面，又使得湖南知识分子自信心得以极大提高，而多以天下为己任。后来这方面的文章多了起来，但大致也是从这几方面论述。

80年代中期，我看到长沙城区女厕所总是排长龙，男厕所则总是有些空位，就找到一位女士协助调查，还到各区环卫所搜集厕所资料。发现男女厕所蹲位之比多在男六女四，甚至男七女三之间。这是历史形成的，因为新中国成立前后，流动人口男多女少。而目前无论固定人口流动人口，男女比例都较为接近；而由于男女生理特征不同，女性占用蹲位次数远较男性为多。我将调查结果写成论文，建议将蹲位比改成女六男四，有些商店集中地区（营业员女性居多）改成女七男三。论文发表在《湖南人口研究》上。主管该杂志的常务副校长因此想调我到人口研究所，我因志在研究古汉语而婉拒了。奇怪的是，这个问题直到新世纪才引起重视，近年来厕所蹲位才渐渐改为女多男少。

后来我就考研，研究古汉语去了。龚自珍诗云："但开风气不为师。"我就像个票友，随着兴趣，什么都浅尝辄止，没有成为该领域的专家。这毕竟不是长久之计。最近十年，我专心致志于用现代语言学注解古书，这也是"开风气之先"的。能否成功，到"2015年底"《论语新注新译》出版后再见分晓吧。

言语趣话

往返于三号线上，常听见“本次列车终点站：上海南站站；下一站：上海站站”。“站站”？是发嗲吗？你懂的。

路过麦当劳，喇叭播放广告：快来尝尝叭！最后一声不是轻音的“吧”，而像爆竹，特别响亮。路过服装店，店员热情似火：欢迎光拎！也有轻音、重音和普通话是反着的。普通话爸爸妈妈哥哥弟弟是重音在前，轻音在后；台湾话说这几个词却是轻音在前重音在后。你可以试试看。说到台湾话，有一点和上海话特别类似，就是没法说全。大部分说闽南话的人，遇到比方成语、单位名称等，必须用“国语”说；上海话也是这样，大多数人必须夹杂着普通话。同事钱乃荣教授告诉我，这是一种方言行将消亡的征象，所以他要抢救。广东话、湖南话、江西话就不必夹杂普通话，用方言讲课读报纸也没问题。前些年陈水扁提倡用“台语”，即闽南话授课，所有教师不论蓝绿一致反对，因为讲不来。不信你用上海话讲讲数学试试。

有天下午去曲阳路易买得超市，并非周末，顾客比店员还少。商场广播不断说："祝您购物快些！"我纳了闷：催什么？顾客匆匆而去，不会降低利润吗？同行的朋友也大惑不解。过会，大约广播员有事去了，换上一位说话不那么"流畅"的，我们才明白那句是"祝您购物愉快，谢谢！"

现如今好些人总喜欢说："这本书我有读过""昨天他有来过"。记得好些年前在北大开会，有位梅祖麟教授解释说，"我读过"和"我没读"不对称，因此在否定形式的类推作用下，变成了对称的"我有读"。有位先生反驳说，不是类推作用导致的，而是以闽南话为基础方言的人在学习"国语"过程中产生的"偏误"，因为闽南话本来就是说"我有读"的。不管怎样，这说法可是流行开了。不过，普通话考级可要注意，这样说是要扣分的。

普通话不等于北京话。20年前在北大，因为暖气片不热的缘故，我们五六个人一道去锅炉房交涉。锅炉工操着京片子叽里呱啦说了好几分钟，我们愣是一句没听懂。我可是听着北京话长大的。台湾"国语"把"你和我"读成"你害我""你焊我"，"和"念成"害""焊"，就是北京土话。1945年后，国民党政府派了好些老北京去台湾"推广国语"，把这种说法带去了。新中国成立后"推普"有一原则，北京话中过于土俗的，不能进入普通话。于是，"和"就读成了hé。

好些电视节目说，经过几十年，大陆普通话和台湾"国语"有了分歧。例如一些东西叫法不同，大陆叫西红柿，台湾叫番茄；大陆叫自行车，台湾叫脚踏车；等等。这种说法不太正确。

中国地域辽阔，方言众多，事物名称往往有好些叫法。例如向日葵，就有十多种叫法，如盘头瓜子、转日莲等。长沙话中，自行车叫作脚踏车、线车、单车，“脚踏车”最为常用。而南边的衡阳，大家都叫“单车”。西红柿，长沙就叫“番茄”。台湾对一些东西的叫法，往往只是该东西众多叫法里的一种罢了。又如台湾电视剧中常说的“我不甩你”（我不理睬你），“文革”中我在湖南衡阳读中学时候，大家就都这样说。这让我想起了十几年前到越南旅游时，同团的北京游客发现街角一老妇卖一种黑色的冻子，于是兴奋地大叫，快来！我发现越南特产了！我过去一瞧，原来是两广一带常见的“龟苓膏”！

言语中的趣事，只要有心，俯拾即是。

有些很文的书面化的词，在某些方言中，却是“老少咸宜”。例如在湖南衡阳，从四五岁小孩到白发老太，都会说“手之舞之”（音“杇几舞几”）。该词语最早见于《孟子》：“生则恶可已也，恶可已，则不知足之蹈之手之舞之。”杨伯峻先生译作：“快乐一发生就无法休止，无法休止就会不知不觉地手舞足蹈起来。”但在当地最常见的场景是，俩人吵着吵着，一人开始用手指着对方鼻子骂，另一人则警告：“你莫手之舞之啊！”类似的还有长沙话中的“鬼舞尸起”“神不能通”。前者指胡作非为，如“三十几岁的人哒，一天到晚鬼舞尸起，不学好！”后者指糊里糊涂，如“今下午神不能通，忘记到幼儿园接细伢子哒。”

在韩国话中，浪，叫作“波涛”，威胁叫“胁迫”，欺骗叫

“诈欺”，让开叫“避开”，心事不宁叫“波澜万丈”，都与此类似。

有些这类词语，内涵比其在普通话中要宽泛许多。例如在湖南益阳，人人都说“威武”。酒席很丰盛，说“这一桌真是威武”；住宅很气派，说“这屋子真是威武”；婚礼场面大，说“威武！婚车就有十部”。到了益阳南边的宁乡，大家都说“耀武扬威”，这成语在宁乡话中是不好、乱七八糟的意思，和长沙话“鬼舞尸起”差不多。“文革”开始，什么书都成了反动黄色书籍。一天，我拿本写少先队员的小说《微山湖上》在看，宁乡籍老保姆担心地说：“莫看些这耀武扬威的书啰！”后来到宁乡，听人议论：“那只伢子不争气，耀武扬威的，偷看妹子洗澡！”

还有些词语，文盲或识字不多的不会说错，识字的却十有八九读错。比如“茅厕”，不识字的读作 [máo si]，是对的。读小学时，有同学刚理了发，就有同学故意不看他，说“刚刚烧了一只 [máo si]”。识字的常读作 [máo cè]，却是错的。长沙河西的溁湾镇，“溁”字读 yín，文盲绝不会读错，但长沙的公共汽车报站名却错读成 róng。经常是，说话不会错，读书却错了，“茅厕”就是这样。语言是从众的，往往“负负得正”，即绝大多数人都说错时，过一段时间，审音部门会“将错就错”，作出修正。但一定得大家都“说”错才行。近年长沙外地人逐渐超过本地人，把“溁”念作 róng 的可能更多，可能将来这个音就从众了。但是“茅厕”，大家“说”成 [máo si]，却“读”作 [máo cè]，是不会修正的。类似的有“鳜鱼”，尽管许多人“读”成 [jué yú]，到菜市场、餐馆却都“说”[guì yú]（常常写作“桂鱼”）。当你到

菜场说买 [jué yú] 时，菜贩会一脸茫然；到餐馆点“臭 [jué yú]”，服务员也会说“对不起，没有这道菜”。像这样的，当然也不会修正。

（载 2014 年 6 月 25 日、7 月 23 日《新民晚报》副刊《夜光杯》）

附录

送夏承焘先生北归序

陈云章

曾涤生氏有言，湖南之为邦，北枕大江，南薄五岭，西接黔蜀，群苗所萃，盖亦山国荒僻之亚，信然哉！此自昔之所以称为蛮貊之邦者也。然正赖此，自晚周迄北宋，遂为迁客逐臣弃置之所。屈平导夫先路，贾生继之，开湖南文气之先声。《离骚》《鹏鸟》诸篇，为后世言情韵者所祖。至此以降，历代文章巨公，若汉之马迁，梁陈之吴（均）江（总），唐之李杜韩柳，宋之范（仲淹）秦（观）朱张，均曾流寓于此。而张孝祥、辛稼轩且宦湘者久之。沅兰澧芷，衡云洞波，供其吟赏，踪迹遍于三湘七泽之间。流风所被，群彦景从，巨儒迭起。宋之濂溪，明之船山，其魁者也。先君子天倪先生尝谓，湘土士人，崇外攘内。惟其崇外，用能吸取外贤之长，文风以兴，有如蜀之于文翁也。第傲满自是，嫚辱乡贤，不承师学，以是一大儒出，恍如吉光电波，一瞬而逝，湘中了无后继者。船山固如此，而濂溪之学，北传二程，竟成洛学，开宋代理学之宗。即如近时曾氏之所谓四大门徒如黎庶昌、薛福成、张裕钊、吴汝伦者，亦无一湘人。此湘学之所以不能若皖之桐城，浙之永嘉，授受推挽，渊源相继，自成学派者也。甚矣，其言之切且痛也！永嘉夏承焘先生，当今硕儒，以词章雄视海内者五十年，多士慕效，川赴海会，曾函余欲南浮沅湘，访汨罗，泛洞庭，登衡山，寻屈贾杜韩遗踪，纾景行之宿念；顾以事牵，屡约屡废，未能果行。去秋适都门续有地震之报，余藉此坚请践前约。先生遂携吴闻夫人欣然莅止，时丙辰十月也。湘士闻先生之来也，奔走传告，踵门问学，先生谦诚倾接，乐与论议，镇日危坐，日不暇给；疑义剩文，一无所隐；嘉惠士林，裨益湘学，至深远矣。余馆先生于吾友李淑一君寓楼，其地密迩稼轩湘居故址。工部诗“可怜留着临川宅，异代应教庾信居”，兰成诛茅宋玉之宅，先生寄迹稼轩故地，亦遇之奇也。千秋怅望，吾固知先生必因此油然而生异代不同时之感矣。此间文士于先生之将归也，争祖以诗，情谊恳挚，积帙成册，余因述先生湘游始末，藉志鸿爪，聊以永怀。舍弟述元，幼承庭训，雅好搜句，生性傲岸，独于先生推挹甚至，拳拳服膺，自滇中寓书以奉，于先生学术大旨有所论列，先生数为余言之，特附录于次，或能藉以识先生渊怀于百一也。是为序。陈云章丁巳年元旦后五日

几点说明（杨逢彬）

一、大约 2004 年盛夏，湖南文史研究馆名誉馆长陈云章先生召我至其长沙三贵街寓庐，言及居香港之湖南衡阳人易越石（慧

伯）先生撰《石鼓文通考》，殷殷嘱先生作序。时陈、易二位均已九十余高龄。陈先生以年高且未涉足古文字，而我在晚辈中稍微治斯学，嘱我来撰写这篇序言；在征得我同意后，当面电话易先生，易先生也欣然同意。临别，先生取出三页纸的手稿相赠，就是上面这篇《送夏承焘先生北归序》。2009 年 5—6 月间，《石鼓文通考》一书包括附骥的拙序由上海人民出版社出版，时易、陈二位湘中耆宿均已归道山。

二、陈云章先生是我祖父杨树达先生好友陈天倪先生的哲嗣。关于先生，可上网参考张书志、陈家书文《"吾湘大师"陈云章》(2011 年 12 月 4 日《长沙晚报》)。文中称："今年是长沙市三贵街天倪庐主陈云章先生诞生百周年。陈云章先生独尊儒学，建树甚多。他既是教育家、实业家、国学家，还是收藏家。"该文还附有多幅珍贵的旧照。先生曾面告我，1928 年他听说我祖父受聘于武汉大学，任中文系主任，便于当年报考武大，未录取。后考上湖南大学化学系，从此开始走"实业救国"的道路。

三、关于夏承焘先生到长沙一事，可上网参考张书志文《湘江新绿似浮醅》(2012 年 5 月 30 日《长沙晚报》)。文中说"76 岁的夏承焘先生携夫人于 1976 年 11 月下旬，离京城来到长沙"，"一直住到 1977 年 3 月初才离开"。而陈云章先生文末之"丁巳年元旦后五日"，大约是公历二月中下旬。该文抄录了夏先生两首词。其一为《水调歌头 云老招邀，初到长沙》："昨梦驾黄鹤，飞落九嶷巅，云间招手屈贾，历历几髯仙。问讯江潭渔父，谁吊座隅鹏鸟？幽怨满陈编。苏涣来蜀道，杜甫落湘船。飞虎营，听鼓角，晓灯前。问我别来记否，秋水酌飘泉。揖起吟边诸老，共唱东风新曲，点点指齐烟，翘首韶山日，壮采耀霞天。”其二为《望江南 留别长沙》：“长沙好，好景趁秋来，灵麓初霜尝美橘。湘江新绿似浮醅，欲去几低回。”

四、陈云章先生此文从未公开发表过。

父亲的三篇佚文

杨德豫

根据我的记忆，父亲有如下三篇佚文（从未收入父亲已出版的著作），找到以后，似可收入《积微居诗文录》的《文录》部分。现将这三篇佚文的情况和寻找的线索提供如下：

(一)《积微居金文说弁言》

此文作于1947年（民国三十六年）4月，曾发表于《学原》杂志一卷三期。1955年出版《积微居金文说》时，父亲在卷首另写了一篇《自序》，没有采用解放前写的这篇《弁言》，也没有把《弁言》作为附录收入该书。原因何在？已不可考。据我猜测，原因之一可能是：《弁言》对郭沫若的金文研究既有高度的赞扬，也有尖锐的批评。新中国成立后郭老的地位和身份不同了，《金文说》出版时父亲只好将《弁言》弃而不用。其实，《弁言》不但对郭沫若，对孙诒让和王国维的金文研究也作了精辟的分析和评价，是一篇颇为重要的文章，是不应该排除在新版《杨树达文集》的范围之外的。

现在《学原》杂志恐已不易找到。但据我所知，南京师范学院中文系张芷教授手中有这篇《弁言》。可函请张教授复印一份寄来（由《文集》编委会负担复印费用）。

《弁言》找到以后，究竟是收入《积微居诗文录》的《文录》部分，还是补入新版《积微居金文说》？请编委会考虑、决定。

（二）《读刘君半农〈中国文法讲话〉》

此文作于1933年春，曾经作为清华大学《古书词例讲义》的附录印发。以后未收入任何著作出版。现在，刘半农的《奉答杨君遇夫》一文已收入《半农杂文二集》，由上海书店于1983年12月复印出版。因此，父亲的这篇佚文也有必要收入文集公开出版。

只能到清华大学图书馆去查询，看该校中文系1933年的铅印讲义是否还有完整保留下来的本子。如有，可予以复印。

（三）李青崖译莫泊桑短篇小说序

此文是用白话文写的，写作时间较早，大约是20年代前期或中期。李译的这本短篇小说选，是一本薄薄的小册子，我在抗战期间见到过，父亲写的序言也是在这本书上见到的。

现在要找到这篇序言，就必须找到李译的这本小册子。线索有二：（甲）找上海市淮海中路□□□□号（逢彬按，为保护隐私计，号码略去）二楼李颖同志（李青崖先生之女），看李家是否还能找到这本小册子。（乙）到北京、上海的大图书馆去查找这本小册子。（这本小册子大约出版于20年代，书名大约是《莫泊桑短篇小说选》，译者李青崖。）

几点说明（杨逢彬）

一、这份文件是七伯父杨德豫先生在上世纪80年代中期写给《杨树达文集》编委会的。其中，《积微居金文说弁言》已经收入《积微居诗文录》的《文录》部分，其余两篇则未收入《杨树达文集》。

二、《学原》杂志是徐复观先生主办的。其详细情形，我在刊于《东方早报》的《与徐复观先生的通信及其他》一文中有过介绍。

三、所谓"《弁言》对郭沫若的金文研究既有高度的赞扬，也有尖锐的批评"，即下面这段文字："郭君鼎堂神识敏锐，创建独多。顾其书善者高出青云，次者或下沦九地。如此剽悍之将，性喜陷阵，搴旗斩将，每建奇功；而覆车溃众，时时不免。盖建立系统，为业至艰，而语语求通，不为丘盖，瑕瑜杂见，固其所也。"

四、《读刘君半农〈中国文法讲话〉》虽然难以找到，但这篇文章以及《奉答杨君遇夫》的来龙去脉却可以在祖父的《高等国文法》的少数版本的《序例》中知其梗概。我们指的是上世纪30年代商务印书馆的大学丛书本，以及近年的湖湘文库本，其余版本如商务上世纪80年代初的语法丛书本和2007年的上海古籍《杨树达文集》本则不可见其踪迹。

五、李青崖先生是翻译名家，以翻译莫泊桑、大仲马驰名。他小祖父一岁，是祖父为数不多的从青年时代起就保持友谊的至交之一，两家的交往一直延续到子孙辈。七伯父记忆中的这部译本，大约是李译《莫泊桑短篇小说集》(1—3册)，1923—1926年由商务印书馆出版。

（载2013年11月17日《东方早报·上海书评》）

杨树达《莫泊桑短篇小说集》序

谢　泳

读2013年11月17日《上海书评》杨德豫先生《父亲的三篇佚文》（后附杨逢彬先生说明），知李青崖译《莫泊桑短篇小说集》第一册中杨树达序言目前还没有收入《杨树达文集》。杨序刊于李译《莫泊桑短篇小说集》第一册（1923年商务印书馆出版），我手边恰有此书，抄出如下：

> 在外国小说里面，我最喜欢读法国莫泊桑的短篇小说，可惜我不曾学过法兰西文，不能够读他的原著；但是英文和日文的译本，以及近数年来本国文的译本，凡我力所能致，耳目所及知的，我必定要寻找读一读。
>
> 我读了莫泊桑的小说，觉他描写之精细，工巧，简洁，固然是竭尽了技术上的能事，但是他所以能够沁人心脾，令人击节叹赏的缘故，尤在乎他那观察力和想象力的微妙，只看他的短篇有如许之多，不论他们的材料是社会的，或哲学的，或情感的，或

滑稽的，而他们的内容，没有一篇不是令人惊心动魄，使人神经震动，惕怵不安的。论他的量，既有如许之多，论他的质，又这样充实富美，在各国文学家当中，恐怕也是很少见的。

我还记得前几年读了他的《梅吕哀》那篇之后，我很替那位“失去故国的王宫旧贡奉”，洒了几点同情之泪。觉得人生到了那种境地，真是无可奈何，而著作者之富于同情心理，就那一篇也可以窥见！其实那篇文字的事实和作意，不过是我们少年时代读的唐人《江南遇李龟年》那首诗：“岐王宅里寻常见，崔九堂前几度闻。正是江南好风景，落花时节又逢君！”云云的意思罢了。但是这诗：“除了盛衰今昔之感！”以外，再没有旁的物事；莫泊桑这篇小说，却提到“那位老贡奉失去故国后怎样生活”一层，那便不止是一种单纯的“盛衰今昔之感”了。

所以我常常觉得像莫泊桑和近代俄国文学家的著作，真能够打入人心的最深之层，万非我们旧来肤浅的文学所望得到的。至于他们文字的简洁，尽极经济的能事，又不是我们“湘城派”的简洁所能比拟，就更不用说了！

莫泊桑又有一篇，我现在忘其题名了。(注) 内容述一个人在车站等车，遇着一种非宗教的丧葬仪式；因为闲着没事，他的好奇心，便驱使他随着送葬的人群同走。一个送葬者拿死者的历史和伊所受于社会的残酷待遇告诉他，才知道死者是一位曾经被人强迫污辱过的女子。我读过之后，也曾经受了一种极强烈的感动。

莫泊桑晚年得了疯癫症，在法国某地方的疯癫病院死的。知道这件事的人，或者以为怪事。我却以为他这样的天才，宜乎其要得疯癫而死。要知道世上的天才，原来都是有病的啊！

我的朋友李君青崖，从前留学法国，理科之外，兼研究法国文学。今年他从北京回到长沙，青崖拿这个册子叫我替他校读。我在匆忙之中，替他校读了一遍，便写了我从来对莫泊桑的一点意思付给青崖，作为“同好”的纪念。我的话对不对，还要请青崖教我，我还希望青崖出版这册子以后，还继续不断地将莫泊桑著作都译出来，使国中有文学兴味的人，个个都能饱饱地领略莫泊桑著作的风味，那就是很有贡献的工作了。

杨树达序 十一年七月十四日，长沙

注：此篇名《马丹拔梯司特》(Madame Baptiste)——青崖

我在上世纪90年代初，读过《积微翁回忆录·积微居诗文钞》(《杨树达文集》之十七，上海古籍出版，1986年)，曾用其中的材料写过一则关于杨树达先生的小文章，为此曾和杨逢彬先生通过信。当时湖南教育出版社印的《积微居友朋书札》，因印数奇少（只印六百册），已很难得到，后来还是杨德庆先生寄我一册，今天想来依然温暖。我要找机会把手边这册《莫泊桑短篇小说集》送给逢彬先生。

（载2013年12月15日《东方早报·上海书评》）

末尾几段话

这部小册子能够问世，首先应当感谢黄晓峰先生！在我告别报纸多少年后，他督促我重拾旧笔；当我已经发表若干篇后，他又告诉我，启真馆想给我出个小册子，只是字数尚不足成帙，“你再写几篇吧！”而我以前是不存这个奢望的。因为，语言研究者一般是不常在报纸发文章的。虽然，我早已读过王力先生的《龙虫并雕斋琐语》；虽然，我小时就反复读过周有光先生如讲故事般娓娓道来的《字母的故事》；虽然，我的两位导师一位早年就是文学家，一位至今仍在研究李白的诗歌……但我怎能跟他们比！

我以前却是喜欢写“豆腐块”的。第一篇是在 1978 年刚入大学不久，发表在《长沙晚报》。稿费 2 元，还寄来一本书。到 1984 年，已经有 20 多篇，全都贴在一个相册里，这相册早已不知所终。后来，我的老师张实先生说，你不该老写豆腐块，你应当进行研究，写学术论文。从此，除了后来在武汉偶一为之外，就再也不写了，直到遇见了晓峰兄。去年初，张先生也远行了，愿他老在天国快乐!

当然，这一小册子得以和读者见面，周运先生、刘佳女士也是出了大力的。

现在来写这几句话，过往的人和物，就如同电影慢镜头似的飘过。祖母、姑妈、伯父，安庄、一条巷、岳麓山……活灵活现，历历眼前。他们远去了吗？又分明还在！留下这些文字，与读者分享，这恐怕是意义之一吧。

最近让小儿柳岸整理祖父的《积微居日记》(第46、50册)，目的是让年轻一代感受一下过往的年代。其中给我留下深刻印象的是，不管多么年轻的晚辈看望了祖父，如果条件允许，祖父一定要回拜。这让我想起了珞珈山的一件往事，我庆幸自己抓住了过往年代的尾巴：同学卢烈红告诉我，如果格老（李格非先生）问你住哪，你千万别告诉他，他一定要回拜的。我牢记在心。不久，有事到格老家，谈完正事，格老果然问我住处，我顾左右而言他。格老显出生气的样子，一定让我告诉他，我只好说了。两三天后，我正从湖滨六舍蜗居出门，天哪，只见远处的大坡上，格老竟然在保姆的搀扶下，颤颤巍巍，从珞珈山南，步行数里，到珞珈山北回拜来了。

有件事我至今对格老负疚。格老经常送我诸如印章石之类的小物件。他老几次对我说，希望得到我祖父的一张稿纸作纪念。我知道他不会白要我的，一定会回赠珍贵的旧书之类，可那时我真的拿不出。如今，我能够做到了，格老又远去了，如何才能

“把剑觅徐君”呢?

不要以为诸如“回拜”等等是迂腐的老客套，它至少体现了平等和尊重！我们看无论是延安还是重庆的老照片或纪录片，领导和被领导者都是随便站着或坐着，并不一定非要端坐于前排中央；走路时，也不是非得“雁行有序”。这可能就是受到“五四”熏陶的老辈人的风范吧!

还有许多往事未及写出，或此时不便写出。如我与罗仲言（章龙）先生十余年的交往，他和我谈了许多，许多。记得第一次见罗老，是周秉钧先生让我去的……

图书在版编目（CIP）数据

杨树达先生之后的杨家 / 杨逢彬著 . —杭州：浙江大学出版社，2016. 6
ISBN 978-7-308-15223-5

Ⅰ.①杨… Ⅱ.①杨… Ⅲ. ①杨树达（1885～1956）—生平事迹 ②杨树达（1885～1956）—家族—史料 Ⅳ. ①K825.5

中国版本图书馆CIP数据核字（2015）第240763号

杨树达先生之后的杨家
杨逢彬 著

策　　划　周　运
责任编辑　王志毅
出版发行　浙江大学出版社
（杭州天目山路148号　邮政编码310007）
（网址：http:// www.zjupress.com）
排　　版　北京大观世纪文化传媒有限公司
印　　刷　北京中科印刷有限公司
开　　本　880mm×1230mm　1/32
印　　张　10.25
字　　数　204千
版 印 次　2016年6月第1版　2016年6月第1次印刷
书　　号　ISBN 978-7-308-15223-5
定　　价　40.00元

版权所有　翻印必究　印装差错　负责调换
浙江大学出版社发行中心联系方式：（0571）88925591；http://zjdxcbs.tmall.com